나 이대로
괜찮은 걸까

나 이대로
괜찮은 걸까

권아혜 지음

**마음의 셰르파가
필요하다고
느껴질 때**

시공사

나 이대로 괜찮은 걸까?

오랜만에 지인에게 연락을 받았습니다. 살기 바쁘다는 이유로 한동안 연락을 하지 못해 궁금하던 차에 안부를 묻고 밀린 근황을 전했습니다. 그러나 짧은 통화에서도 반가운 마음 뒤에 자리한 무거운 마음이 금세 느껴졌습니다. 억지로 묻지 않고 조용히 이야기를 들어보았습니다. 애써 담담하게 이야기를 풀어놓은 끝에, 지인은 저에게 물었습니다.

"나, 정신과 가봐야 할까?"

걱정과 불안, 두려움이 느껴지는 목소리였습니다. 누군가에게

4

자신의 약하고 힘든 모습을 보여주는 일은 쉽지 않습니다. 하지만 그 쉽지 않은 일을 한 이유는 어려운 시간들을 끝내고 싶은 마음이 그보다 더 간절하기 때문일 것입니다. 어쩌면 이렇게 입 밖으로 꺼내기 전 스스로에게 수십 번, 수백 번 했던 질문인지도 모릅니다. 그리고 저에게 물어보았을 때는 이미 그 답을 스스로 찾은 후였겠지요.

당신만 이런 고민을 하고 있는 것은 아닙니다. 제가 정신과 의사여서 더 그렇겠지만 이런 질문을 꽤 자주 듣습니다. 그리고 요즘 들어서 전보다 더 자주 듣는 것 같습니다. 솔직히 고백하자면, 저 역시도 비슷한 고민을 했었습니다. 사람은 누구나 각자의 무게를 지고 살아갑니다. 하지만 누구나 겪을 수 있는 시련도 막상 나 자신의 일이 되면 그동안 쌓아온 지식도, 주변에서 해주는 격려나 응원의 말들도, 애써 다잡아온 마음도 모두 흔적 없이 사라져버리고 그저 막막하고 아득하게 느껴지곤 합니다.

앞이 캄캄하고, 어떻게 해야 할지 모르겠고, 마음이 복잡할 땐 너무 많은 것을 생각하기보다는 단순해져야 합니다. '얼어붙지 말자. 포기하지 말자.' 정답은 없습니다. 반드시 어떻게 해야 한다는 마음을 비우고 단순한 일상, 즉 먹고 자고 일어나서 햇볕을 쬐며 움직이는 것에 집중해봅시다. 이 또한 지나갈 것입니다.

잠시 쉬어가는 것은 포기하는 것과는 다릅니다. 다치고 지친 마음이 회복될 때까지 충분히 쉬어도 됩니다. 포기하는 것과 쉬면서 버티는 것의 차이는 내가 지금보다 나아질 수 있음을 스스로 믿는다는 데 있습니다. 포기하지만 않는다면, 당신은 지금껏 그래왔던 것처럼 이번에도 막다른 골목으로 보이는 곳에서 길을 찾아낼 수 있을 것입니다. 생각했던 것보다 조금 더 시간이 걸릴 수는 있습니다. 하지만 인생은 속도가 아니고 방향이라고 합니다. 내가 가고자 하는 방향만 확실하다면 얼마나 느리고 얼마나 빠른지는 중요하지 않습니다.

깜깜하고 어두운 동굴 속을 헤쳐 나가야 할 때, 혼자서는 버겁고 누군가가 함께 있어주면 좋겠다는 생각은 누구나 해보았을 것입니다. 하지만 주위에 도와줄 사람이 없을 수도 있고, 기꺼이 도와줄 사람들이 있더라도 막상 정말 힘들 때 손을 내밀기는 쉽지 않습니다. 오히려 사랑하는 사람을 걱정시키기 싫어 괜찮은 척 숨기기도 합니다.

히말라야처럼 험하고 높은 산에는 등반가들을 위해 방향을 잡아주고 조언도 해주고 힘들 때 짐도 들어주는 '셰르파'가 있습니다. 정신과는 셰르파 같은 곳입니다. 마음의 빚을 질 필요가 없고, 너무 가까운 사이라 걱정을 끼칠까 봐 괜찮은 척하지 않아도 되는, 당신보다 조금 더 정신건강과 회복이라는 길에 익숙한 마음의 셰르파입니다.

이 이야기는 지금 삶이 힘든 모든 분들, 하지만 어떻게 해야 할지 몰라 막막하기만 한 모든 분들에게 해드리고 싶습니다. 나는 왜 이런지 고민하고 있다면, 그 이유는 당신이 약한 사람이기 때문이 아니라 자신의 마음을 돌볼 줄 아는 사람이기 때문입니다. 내 마음을 정성껏 가꾸는 일은 외모를 가꾸는 일보다 훨씬 가치 있습니다.

정원을 가꾸지 않으면 해충이 생기고 잡초가 자라날 수 있습니다. 내 마음이 정원이라면, 그곳에 생긴 해충과 잡초는 생각과 행동에 영향을 줍니다. 처음에는 잘 보이지 않아 간과하기 쉽지만 점점 영향력이 커지면 내가 원래 가지고 있던 좋은 것들마저 빛을 잃어버리고 맙니다. 그래서 충격을 받거나 마음이 힘들 때는 평상시에 잘하던 결정도 하기 어렵습니다. 익숙한 일상이 모두 멈춰버립니다. 그럴 때 우리가 편안해지고 마음을 회복하기 위해서는 할 수 있는 모든 방법들을 다 해보아야 합니다. 셰르파에게 도움을 구하는 것도 하나의 방법이 될 수 있겠지요.

"나 이대로 괜찮은 걸까?" "정신과에 가봐야 하는 걸까?"라는 물음은 "나 너무 힘들다"라는 뜻입니다. 그리고 이제 조금은 편해지고 싶다는 뜻이기도 합니다. 당신은 지금까지 잘 버텨왔습니다. 조금만 더 용기 내서 크게 한 발 내디뎌본다면 분명 더 괜찮아질 것입니다. 어둠 속에서 잘 보이지 않아도, 어쩌면 당신이 이루고 싶은 마음의 편안함은 바로 눈앞에 있을지도 모릅니다. 당신의 모든 마음을 응원하며 이 글이 그 시작에 도움이 되길 희망합니다.

2022년 8월

권아혜

차례

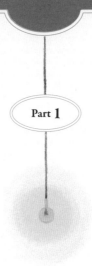

Part 1

내 마음대로 되지 않는 인생

01

나는 왜 이렇게 힘들까

"너무 답답해요. 아무리 애를 써도 빠져나올 수 없고 발버둥 칠수록 오히려 더 빨려 들어가는 늪에 갇힌 기분이에요. 점점 더 무력해지고 포기하고 싶어져요."

"제 인생을 돌아보면 늘 아슬아슬하게 정상과 비정상의 경계선을 밟고 서 있었던 것 같아요. 무엇이 정답인지, 무엇이 옳고 그른지 잘 모르겠어요."

"저 혼자만 모든 짐을 짊어지고 있어요. 모두가 제게 무언가를 바라기만 하고, 너무 힘든데 아무도 알아주지 않아요. 벗어나고 싶지만 그럴 용기가 없어요."

"어디에도 제 편이 없는 기분이라 공허하고 외로워요. 마

음 나눌 사람 없이 의무만 가득한 관계들이 마치 형벌처럼
느껴져요."

"누군가가 옆에 있으면 좋겠지만 저는 늘 혼자였고 앞으로
도 그럴 것 같아요. 누군가가 제게서 멀어질 때 버려진 것
같은 기분이 들어요."

"가깝다고 생각하고 마음을 열었는데 결국은 또 상처 받아
괴로워요. 제가 무엇을 잘못한 건지 하루 종일 자책만 하
고 있어요."

"모든 게 귀찮고 아무것도 하기 싫어요. 딱 하루만 아무도
저를 건드리지 말고 그냥 좀 내버려뒀으면 좋겠어요."

"그 사람이 미워요. 얼굴만 봐도 화가 나요. 그런데 불쌍해
요. 이런 저도, 인생도 다 짜증 나요."

"제 인생은 잘못된 선택의 연속이에요. 이 나이 먹도록 이
룬 것도 없고…. 여전히 모든 일에 다 어색하고 미숙한 제
가 바보 같아요."

정신과를 찾아 오는 많은 사람들의 이야기다. 저마다의 무거
운 사연과 어려움을 버티다 못해 지쳐 찾아온다. 아무것도 해낼 수
없을 것 같은 무기력감, 나 스스로도 어쩌지 못하는 불안, 어떻게
든 잊으려고 해도 울컥울컥 터져 나오는 억울함, 암흑 속에 홀로
놓인 것 같은 두려움, 내 살을 점점 더 파고드는 죄책감, 갈 곳을
잃어버린 분노, 아무도 나를 좋아할 수 없을 것 같은 자괴감…. 누

구에게도 말하지 못하고 겉으로는 괜찮은 척 억지로 참으며 아무렇지 않다는 듯이 버텨보아도 이 뿌리 깊은 감정들은 지치지도 않고 나를 괴롭힌다. 어떤 날에는 살아낼 만한 것 같다가도 어떤 날에는 툭 건드리기만 해도 속절없이 무너지고 만다. 내가 문제인 건지, 네가 문제인 건지, 다른 무언가가 문제인 건지, 언제부터였는지. 시작점도 알 수 없고 나조차도 내가 이해되지 않는다. 알지 못하기에 다른 사람들에게 표현할 수도 없다. 아무렇지 않아 보이는 겉모습으로 가려진 마음에는 언제나 폭풍이 휘몰아쳐서 춥고 쓸쓸하다.

다들 잘 살고 있는데 나만 왜 이럴까? 나는 이것밖에 안 되는 인간인가? 내가 바보 같아. 정말 괜찮아지기는 할까?

폭풍의 한가운데서 누구나 한 번쯤은 이런 질문을 마음속으로 해보았을 것이다. 자책 같기도 하고 원망 같기도 하다. 하지만 이 막막하고 답이 없는 질문을 조금 다른 시선으로 본다면, 나에 대해 더 알고 싶고 이해하고 싶지만 그 방법을 몰라 답답한 마음의 표현으로 들리기도 한다.

사람들은 자신에 대해 얼마나 잘 알고 있을까? 나 자신만큼은 내가 가장 잘 알고 있다고 생각하지만 사실은 그렇지 않은 경우가 많다. 숨겨져 있는 내 마음을 들여다보는 데는 큰 용기가 필요하다. 용기를 내어 나를 마주한다고 해도 스스로를 객관적인 시선으로 보는 것은 쉽지 않다. 그러므로 나에게 물음을 던지는 것, 나의 생각과 행동의 이면을 알고 이해하려는 시도는 그것이 성공했는지 실패했는지와 상관없이 그 자체로도 훌륭하고 의미 있다. 회복을 위한 변화는 나를 알고 싶은 열망, 이해하려는 시도에서 시작되기 때문이다. 도저히 풀리지 않는 문제를 풀 수 있는 열쇠를 늘 찾아다니지만 정작 열쇠는 언제나 나에게 있다.

누군가를 사랑하기 위해서는 그 사람을 이해해야 하고, 이해하기 위해서는 잘 알아야 한다. 타인에게만이 아니라 스스로에게도 마찬가지다. 나를 사랑하기 위해서는 일단 나를 알아야 한다. 그러면 이해할 수 있는 실마리가 생긴다. 이해해야 비로소 진정한 변화가 시작될 수 있다. 늘 불안하고 불만족스럽게만 보아온 나의 모습에 처음으로 공감하고 "그동안 힘들었겠다" "그래도 정말 잘 참아왔다"고 말해줄 수 있게 되는 것이다.

상대방은 이해해보려고 애쓰면서 정작 제일 중요한 나 자신에게는 그러지 못하는 경우가 많다. 다른 사람의 생각과 행동에 신경 쓰고 이해하려는 노력의 반이라도 나에게 하고 있는지, 지금 당장 스스로에게 물어보아야 한다. 아마 아닌 경우가 훨씬 많을 것이다. 그동안 모든 관심이 바깥을 향해 있었다면 지금은, 적어도 이 책을 읽는 동안만큼은 당신 자신에게로 향했으면 좋겠다. 여유가 없고 삶이 바쁠수록 짧게라도 나만을 위한 시간이 반드시 필요하다. 그 시간 속에서 마침내 그동안 똑바로 마주하기 어색하고 두려워 외면했던, 그래서 미처 알지 못했던 나를 마주하게 된다.

'나는 왜 이럴까?'라는 질문이 이제는 더 이상 자책이나 비난이 아닌, 나라는 존재에 대한 따뜻한 연민과 이해하고 싶은 마음의 표현으로 바뀌어야 한다.

02

나는 정상일까, 비정상일까

"처음 보는 사람들과 모인 자리에서 한마디도 못한 저, 비
정상인가요?"

"내일이 결혼식인데, 막상 결혼하기 겁이 나고 잘못 결정
한 것 같아요. 제가 비정상인가요?"

"제 아이가 미워요. 비정상인가요?"

내가 정상인지 고민해본 적이 있는가? 진지하게든 아니든 누
구나 한 번쯤은 해보았을 고민이다. 그러나 자신이나 타인을 비정
상이라고 단언할 수 있는 자격은 누구에게도 없다. 누군가의 사정
이나 상황을 속속들이 알기는 어렵기 때문이다. 설령 그게 자기 자

신이라고 해도 그렇다.

우리는 그렇게 단순한 존재가 아니다. 또 정상과 비정상은 두 덩어리로 딱 나뉘는 개념이 아니라 두 점을 연결하는 직선에 가깝다. 키, 몸무게, 성적, 생활수준 등 사람을 대상으로 하는 대부분의 정규분포에서 대다수의 사람들은 양극단이 아닌 중간 근처 어딘가에 몰려 있다. 우리의 삶도 마찬가지다. 괜찮은 것 같다가도 아닌 것 같고, 아닌 것 같다가도 이 정도면 된 것 같기도 하다. 때로는 정상, 때로는 비정상이고 때로는 이도 저도 아니다. 그러니 내가 정상일까 아닐까를 고민하는 것은 당연하다.

오히려 "나는 무조건 옳아. 네가 비정상이야!"라는 확신에 찬 경우 더 문제가 될 수 있다. 틀렸는데도 목소리를 높이거나 막무가내로 우기면 마치 옳은 것처럼 되는 이상한 광경을 우리는 자주 본다. 그런 의미에서 본다면 자신에 대한 고민은 나쁜 것이 아니라 오히려 성숙한 것에 가깝다. 다만 '나는 비정상이야' '내게는 문제가 있어'라는 생각에만 너무 빠져 있다면 그건 정말로 문제가 될 수 있다. 특히 자존감이 낮거나 자신의 선택과 행동에 자신이 없는 경우 나는 부족하고 못났다는 '부적절감'을 경험하게 된다. 그래서 자신이 옳은데도 불구하고 스스로 확신을 가지지 못하고 틀렸다고 생각한다. 이러한 부적절감은 자존감을 더욱 떨어뜨리기 때문에 악순환에 빠지고 만다.

튀면 안 되고 남들과 비슷하게 사는 것이 미덕이었던 시대가 지나고, 요즘은 각자의 개성과 생각을 존중하는 시대다. 단순히 허용되는 개념의 범위가 넓어진 정도가 아니라, 실제로도 남들과 다른 것이 자신의 무기가 되고 자신만의 독특한 콘셉트를 가진 사람들이 돈도 더 잘 번다. 아마 앞으로도 이런 흐름은 어느 정도 지속될 것이다. 물론 이런 시대도 나름의 문제점이 있겠지만 정상과 비정상을 칼로 자르듯 나누고 나와 다르면 이상하게 볼 필요가 없어졌다는 점에서는 좋다.

어떤 경우에는 객관적으로 충분히 잘하고 있는데도 불구하고 스스로 너무 높은 기준을 가졌거나, 과도하게 이상적인 상황을 바라고 있기 때문에 어려움을 겪기도 한다. 실패나 시행착오가 없는 삶은 없다. 어떤 삶이든 자세히 들여다보면 지질한 구석이 있다. 어떤 사람도 완벽할 수 없고, 우리의 일상은 드라마나 영화에서처럼 대본에 짜인 대로 굴러가지 않는다. 자신에게 엄격한 것이 꼭 나쁘다고 볼 수는 없지만 과도할 정도로 '나는 이렇게 해야만 돼' '나는 이런 삶을 살아야만 해'라는 생각에 사로잡힌 경우, 자칫 완벽하지 않으면 쓸모없다고 여기거나 작은 실수에도 다 망쳐버렸다는 극단적인 생각에 빠질 수 있다. 도달할 수 없는 목표를 설정했으니 당연히 목표를 이룰 수 없는 예견된 좌절을 반복해서 경험하는 것이다. 거기다 '30대에 이 정도는 이루어야지' '부모라면 이래야지'라는 주위의 시선, 사회적인 압박감도 한몫한다. 사람들은 성공적인 삶에 대해 저마다의 기준을 만들어내고 그 기준에 도달하지 못하는 삶은 마치 문제가 있다는 듯이 마음대로 자신과 타인의 삶에 점수를 매긴다.

내 마음속에는 어떤 기준이 있는가? 그 기준에 대해 꼭 생각해볼 것이 있다. 스스로 만들어낸 기준인지 아니면 타인의 의견을 진리처럼 받아들여 만든 기준인지다. 타인의 의견대로 만들어진 기준과 너무 높아 도달할 수 없는 기준이 많을수록 우리는 자신을 '부적절하다'고 생각하게 된다. 그리고 이 부적절함은 어쩌면 당신이 그동안 잘해왔기 때문일 수도 있다. 잘 달리는 말에는 더 많은 짐이 지워지기 마련이다. 부모로서, 자녀로서, 학생으로서, 직장인으로서 '○○해야 한다'는 기대는 너무나 많고 목표치는 점점 높아질 뿐 결코 낮아지지 않는다.

우리가 정상과 비정상을 고민하는 또 다른 이유는 비교 때문이다. 엉망진창인 내 삶과 달리 타인의 삶은 아무 문제도 없어 보이는 경우가 많다. 아니, 아무 문제 없는 정도가 아니라 너무나도 행복하게 살고 있는 것 같다. 직장에서는 승승장구하고 가족끼리 화목하게 철마다 여행을 떠난다. 남자친구는 잘생긴 데다 다정하다. 별생각 없이 지내다가도 잘나가는 상대방과 나를 비교하는 순간 무거운 돌이 가슴을 꽉 누르는 기분이 든다. 자신의 삶을 SNS에 공유하는 사람들이 늘면서 더욱 나와 타인을 비교하기 좋은 환경이 되었다. 우리는 늘 행복해 보이는 주변 사람들을 보면서 거울 속 초라한 나에게 이렇게 묻는다. "나는 왜 이럴까?" "나는 왜 저렇게 하지 못할까?"

앞에서 나온 세 개의 질문을 기억하는가? 거기에는 생략된 부분들이 있다.

"(다른 사람들은 모두 화기애애하게 이야기하고 잘 어울리는데 저만 꿔다 놓은 보릿자루처럼 있었어요.) 처음 보는 사람들과 모인 자리에서 한마디도 못한 저, 비정상인가요?"

"내일이 결혼식인데, 막상 결혼하기 겁이 나고 잘못 결정한 것 같아요. (다른 사람들이 결혼 준비하는 걸 보면 마냥 행복해 보여요. 그들은 서로가 운명이라는 확신을 가지고 저처럼 이런 고민하지 않을 텐데) 제가 비정상인가요?"

"제 아이가 미워요. (엄마가 이런 생각을 하다니 말도 안 되죠? 다들 엄마는 아이를 무조건적으로 사랑한다고 해요. 전 남들이 해주는 것의 반도 못 해주는데…. 아무래도 엄마 자격이 없는 것 같아요.) 비정상인가요?"

가끔은 실제의 고통보다 타인과의 비교에서 오는 허탈감, 자괴감이 더 힘들다. 나와 타인을 비교하면 반드시 그런 일이 일어난다. 하지만 우리가 타인의 인생을 속속들이 알기란 불가능하기 때문에 그 비교는 객관적일 수 없다. 우리가 보는 타인의 삶은 말 그대로 '보이는' 삶이다. 의식적, 무의식적인 필터를 거쳐서 남에게 보이고 싶지 않은 부분은 상당히 많이 삭제된 상태다. 어떤 경우에는 의도를 가지고 남들이 부러워할 만한 좋은 모습만, 또는 반대로 힘든 모습만 보여주기도 한다. 만약 전혀 꾸밈없는 모습을 본다고 해도 타인의 삶과 내 삶은 다르다. '내 삶'이기 때문에 객관적일 수 없다. 똑같은 상황, 똑같은 일을 겪는다고 해도 남보다 내가 훨씬 더 힘들게 느껴진다. 남의 감기보다 내 손톱 밑 가시가 더 아픈 건 인간의 본성이다.

　그렇다면 나보다 힘든 사람들을 보며 위안을 얻는 것은 어떨까? 내 삶에 감사할 수 있게 되고 내가 가진 것이 그래도 많다는 것을 깨닫는다는 측면에서는 긍정적일 수 있다. 하지만 꼭 다른 사람과의 비교로만 이루어질 수 있는 깨달음이라면, 순간의 위로는 될지 모르나 행복의 기준을 타인에 둔다는 점에서 역시 바람직하지 않다. 자칫 우월감을 느끼거나 타인의 불행을 찾아다니는 사람이 될지도 모르기 때문이다.

　실제로 인생이 공평하지 않은 경우도 많다. 나보다 잘난 사람, 좋은 운을 가지고 태어난 사람은 너무 많고 앞으로도 많을 것이다. 그런 당연하고 어쩔 수 없는 일은 계속 생각해봐야 내 속만 아프기 때문에 받아들여야 한다. 공평하지 않은 것도 억울한데 속까지 아파서야 되겠는가? 하지만 다행인지 몰라도, 인생에서는 대부분 하나가 짧으면 다른 하나가 길고, 하나가 쉽다면 다른 하나는 어렵다.

　무엇보다 지금 평탄하고 넓은 길을 가더라도 언제 골짜기나 낭떠러지를 만날지 모른다. 학창 시절 세상 무서운 줄 모르고 제멋대로 행동했다가, 나중에 과거가 폭로되어 고생하는 사람들의 사례를 많이 보지 않았는가? 반대로 과거에 힘들었다고 해서 영원히 힘든 인생일 것이란 뜻은 아니다. 무명 가수의 곡이 차트를 역주행하거나, 운동선수 시절 그다지 빛을 보지 못했던 사람이 코치나 감독으로 승승장구하는 경우도 아주 많다. 오랜 시간 어려움을 견딘 사람은 그렇지 않은 사람보다 훨씬 단단하다. 남과의 비교보다 더 중요한 것은 내 인생에서의 비교다. 다시 말해 과거의 나보다 더 단단한 사람이 되어서, 힘든 시기가 되었을 때 그것을 헤쳐 나올 수 있게 되었느냐다.

인생의 줄타기

요즘에는 보기 힘들어졌지만 예전에 서커스나 풍물놀이를 보면 높게 달아놓은 외줄 위를 아슬아슬하게 걸어가고 줄 위에서 묘기도 부리는 곡예사들이 있었다. 살짝만 발을 헛디뎌도 떨어져버리기 때문에 보는 사람의 마음을 다 조마조마하게 만들었다.

만약 이런 가느다란 줄 위를 걷는 정도의 긴장감으로 매일을 살아가야 한다면 아마 한순간도 마음 편할 날이 없을 것이다. 어떤 사람들은 조금이라도 방심하면 비정상의 영역으로 떨어지기라도 한다는 듯 위태롭게 그 줄을 부여잡고 있다. 또 어떤 사람들은 자신이 비정상의 영역에 있다는 것을 남들에게 들킬까 봐 불안해한다. 우리는 삶을 정상과 비정상, 성공과 실패로 나누고 정해놓은 선을 넘어가지 않기 위해 무던히 애쓰고 있지만 문제는 누구나 언제든지 흔들릴 수 있고 그 선을 넘지 않으리라는 보장이 없다는 점이다.

　나에게 문제가 있다는 생각에 휩싸이게 되면 좌절감, 부적절감에 빠질 수도 있지만 반대로 내가 '정상의 영역'에 있다는 확신을 얻기 위해 '비정상의 영역'에 있는 타인을 평가하는 방법을 선택할 수도 있다. 생각보다 흔하게 나타나는 방어 기제다. 타인을 비정상이라고 치부해버리고 나와 타인 사이의 선을 명확하게 그어, 나는 그들과 다르고 나는 충분히 정상의 영역 안에 위치한다는 생각을 하면 어느 정도 안도감이 들기도 한다. 하지만 그 안도감은 충분하지 않으며 오래가지 못한다. 왜냐하면 설령 의식하지는 못하더라도 마음 깊은 곳에서 정상과 비정상을 나누는 그 선이 계속 존재하는 한 나의 처지가 언제 반대로 바뀔지 모른다는 것을 알고 있기 때문이다. 그래서 근심, 걱정 하나 없어 보이는 타인을 보며 '나는 왜 이럴까' 하는 부적절감을 느끼는 모습과 내 마음대로 정한 기준에 맞추어 다른 사람을 무시하고 평가하는 모습은 결국 닮아 있다.

　하지만 조금만 다르게 생각해보자. 왜 꼭 그래야만 할까? 우리가 절대적이라고 믿는 그 기준이라는 것은 사실 누군가가 그냥 그어놓은 선에 불과할지도 모른다. 가끔이라도 그 선을 지워버릴 용기를 가져야 한다. 정상과 비정상을 나누며 정상 영역에서 벗어날까 봐 전전긍긍 아슬아슬하게 걷지 말고 이제는 편하게 걸어보자. 아니, 적어도 지금 이 순간

만큼은 이래도 저래도 괜찮다고 생각해보자. 누구나 살면서 흔들리고 어긋날 수 있지만 다행인 건 흔들림이 곧 끝은 아니라는 점이다. 균형을 잃고 떨어질까 두려워서 땅만 볼 때는 주저하고 비틀비틀하던 걸음이 얼굴을 들고 멀리 보면 오히려 똑바르고 망설임 없어진다.

03

나, 정신과 가봐야 할까

요즘 길을 지나가다 보면 정신건강의학과, 상담센터, 마음건강클리닉 같은 곳이 전에 비해 많아진 것이 눈에 띈다. 안으로 들어가 보면 조용한 분위기 속에 두어 명이 서로 뚝 떨어져 앉아 있고 어떤 사람은 종이에 무언가를 열심히 쓰고 있다. 가끔 밖에서 유리문 너머를 기웃거리다 그냥 돌아가시는 분도 있다. 쉽사리 가기도 어렵고 다녀와서도 잘 이야기하지 않게 되는 곳, 정신과에는 어떤 사람들이 가는 걸까?

사람의 얼굴이 다양하듯 삶도 다양하다. 마찬가지로 병원에 오는 사람들이 처한 상황이나 문제의 심각성도 다양하고 그에 대한 반응도 개인마다 다르다. 정신과는 병을 치료하는 병원이지만 그게 아니더라도 힘들어서, 고민이 되는 마음을 정리하고 싶어서도 충분히 찾아올 수 있는 곳이다. 가끔 "이런 고민으로 병원에 가면 의사 선생님이 어이없어하거나 핀잔을 주지 않을까요?"라는 질문을 받는다. 결코 그렇지 않다.

정신과에는 '나'라는 존재에서, 사람과의 관계에서, 일에서 저마다의 이유로 지치고 힘든 사람들이 찾아온다. 나에 대한 실망, 불안감, 반복되는 좌절과 뒤따르는 자책감, 낮아져만 가는 자존감과 밀려오는 우울감, 믿었던 사람의 배신으로 인한 상처, 마음을 열지 못하고 사람들 사이에서 겉도는 기분, 따돌림·폭력·사고로 인한 트라우마, 실직, 구직난…. 우리를 괴롭히는 문제들은 아주 많다.

요즘 힘든 사람이 너무 많다. 힘든 시대인 것도 맞다. 경쟁이 갈수록 치열해져 남들에게 뒤처지지 않기 위해 해야 할 것이 많다. 과거에 비해 지식의 범위도 선택지도 넓어졌지만 그만큼 정답을 찾기가 어려워졌고 옳고 그름은 모호해졌다. 전 세계인과 친구가 될 수도 있지만 막상 정말 힘들 때 연락할 수 있는 사람은 없다. 바쁜 세상 속에서 관계의 깊이는 얕아졌고 정서적인 만족감을 느낄 시간과 여유는 줄어들었다. 사람은 물질적인 것만으로 살 수 없는 존재다. 이런 상황이 반복되면 어딘가 결핍된 감정을 느끼게 된다.

또 다른 측면으로는 사회가 발전하면서 단순히 먹고사는 문제, 생존의 문제에서 자유로워지고 정신건강에 대한 이해와 심리적 만족의 욕구도 높아졌다는 점을 들 수 있다. 과거에는 정신건강에 대한 중요성을 간과하기도 했고 정신적인 고통을 부끄럽고 숨겨야 할 것으로 여겼으며, 힘들어도 그냥 참는 것이 미덕이었다. 그러다 보니 참다 참다 곪아 터져서 자기 자신이나 다른 사람, 특히 가족에게 폭발적으로 표현되기도 했다. 지금은 전에 비해 정신과에 대한 관심이 점점 높아지고 환자도 늘어나고 있다. 진료 받는 것을 부끄러워하지 않고 오히려 내 삶에 대한 카운슬링을 받을 능력과 여유가 있다는 의미로 점차 바뀌고 있다. 연예인들이 자신의 정신질환에 대한 이야기를 매체에서 솔직히 이야기하는 사례도 종종 보인다. 연예인이기 이전에 한 사람으로서 당당하게 자신의 모습을 드러내고 대중의 인식을 바꿀 수 있는 매우 고무적인 일이라고 생각한다.

그러나 이러한 변화에도 불구하고 여전히 많은 사람들에게 정신과 문턱은 너무 높다. 다른 사람의 정신질환에 비교적 너그러워졌다고는 해도 막상 내가 정신과에 방문하려면 오만 가지 생각이 든다. 나의 부끄러운 부분을 타인에게 털어놓아야 한다는 부담감, 차갑고 냉정한 의사가 나를 비난하거나 평가하지 않을까 하는 걱정, 오랫동안 덮어왔던 내 문제를 마주하고 변화해야 한다는 두려움, 정신과 환자에 대한 사회의 선입견 등 정신과를 가기 어렵게 만드는 이유는 너무 많다. 그렇게 고민만 계속하다 보면 나를 이렇게 힘들게 만든 사람들이 떠오르며 억울한 마음도 생기게 된다.

* * *

처음 정신과 진료를 받으러 오는 내담자들 중에 가끔 가족이 함께 접수를 하는 경우가 있다. 어느 날 자신의 진료를 예약하면서 어머니를 억지로 모셔 온 딸 A가 있었다. 자신은 괜찮다며 한사코 병원에 오기를 거부하는 어머니를 설득하기란 정말 힘든 과정이었다고 했다. 어떻게 모셔 왔냐는 나의 질문에 A는 "내가 너무 힘든데 혼자서는 도저히 못 가겠고 엄마가 가야 나도 병원에 갈 것"이라고 설득했다고 했다. 체구는 자그마해도 당찬 모습이었다. 격앙된 목소리로 강압적이고 폭력적인 아버지 때문에 힘들었던 성장 과정을 이야기하면서, 자신은 독립했는데도 이렇게 힘든데 여전히 아버지와 같이 살고 있는 어머니는 속이 더 썩었을 것이라고 말했다. 그리고 정작 병원에 와서 치료받아야 하는 사람은 어머니나 자신이 아니라 아버지라며 분노했다.

반 우스갯소리로 "정작 정신과에 와야 하는 사람은 안 오고 그 사람 때문에 힘든 사람이 정신과에 온다"는 말이 있다. 그냥 나오는 말이 아니라 실제 그런 경우가 꽤 많다. 그렇게 자의 반 타의 반으로 병원에 온 사람들은 비슷한 질문을 한다. "이게 다 무슨 소용이에요? 어차피 그 사람은(그 상황은) 그대로인데 저만 치료받는다고 뭐가 달라져요?" "문제가 있는 건 그 사람인데 왜 제가 치료를 받아야 해요?"

나를 힘들게 만든 사람은 멀쩡히 잘 살고 있는데 왜 나만 힘들어야 하나. 많은 내담자들이 병원에 오기 전 수없이 되풀이한 생각일 것이다. 만약 정신과가 다른 병원들처럼 '어딘가 문제가 있는 사람을 고쳐야 하는 곳'이라면 그 생각이 맞다. 병원은 아프거나 문제가 있는 사람이 가는 곳이고, 정신과도 병원이니 문제를 치료하는 곳이기 때문이다. 그렇다면 문제가 있는 사람이 병원에 와야 한다. 그런데 만약 정신과가 꼭 아프고 문제 있는 사람뿐 아니라 '어려움에 빠진 사람을 돕고 위로하는 곳'이라면 어떨까? 그러면 어떤 이유에서든 힘든 사람이 오는 게 맞다.

A는 힘든 부분을 털어놓고 눈물을 흘리거나 화도 표현했지만, 그와 달리 A의 어머니는 감정을 억누르는 모습이었다. 별것 아니고 자신은 괜찮으니 그냥 조금만 참고 살면 된다고 말했다. 어려움을 이야기하고 위로받을 수 있는 정신과라는 공간에서조차 자신의 이야기를 타인에게 하는 것이 낯설고 미안해 보였다. 어머니의 담담한 모습 뒤에 숨겨진, 오랜 시간 겪어온 무기력감과 우울감은 꽤 깊었다. 하지만 그 와중에도 어머니는 자신이 우울증이라는 결과보다 당차 보이는 딸이 겉모습과는 달리 마음속에는 불안감이 높고 예민해서 작은 자극도 자신을 향한 공격으로 인식한다는 결과에 더욱 가슴 아파했다. 그리고 딸을 위해 함께 치료받기로 결심했다.

그들을 병원에 오게 만든 건, 그리고 실제 달라져야 하고 치료받아야 하는 건 그들의 남편이자 아버지가 맞을지도 모른다. 하지만 그보다 더 중요한 사실은 오랜 시간 씩씩한 척, 아무렇지 않은 척하는 모습 뒤에 숨겨놓았던 괴로운 기억들과 상처받은 마음을 치유할 수 있는 기회가 이제야 어머니와 딸에게 생겼다는 것이다. 특히 그동안 남편에게 맞추고 자녀를 돌보느라 정작 자신의 마음은 돌볼 기회조차 없었던 어머니도 이제는 일주일에 한 번, 한 달에 한 번은 자신만의 이야기를 하고 위로받을 수 있는 시간과 공간을 가지게 되었다. 그리고 이를 가능하게 만든 건 딸의 용기와 딸을 걱정하는 엄마의 마음이었다.

정신과 진료실은 더 아프고 더 힘든 사람, 다른 사람을 괴롭히기보다 그냥 자신을 괴롭히는 것을 택할 만큼 마음이 따뜻한 사람을 위해 열려 있는 공간이길 원한다. 나는 내담자가 스스로 병원에 찾아오는 것에는 병 자체가 얼마나 심각한지뿐 아니라 내 마음을 이해할 수 있는 능력과 더 나아지려는 의지가 얼마나 있는지가 영향을 미친다고 본다. 즉 정신건강에 관심이 있고 마음 상태에 대한 목표치가 높은 사람이어야 스스로 필요성을 느끼고 정신과에 올수 있다. 그리고 억지로 왔을 때보다 자신이 필요성을 느껴서 왔을 때 치료 효과는 훨씬 더 좋다.

누구도 아닌 나만이 나의 삶을 변화시킬 수 있다. 나를 힘들게 만든 이유와 상황의 잘잘못은 조금 뒤로 미루어두어도 좋다. 남을 탓하는 것은 쉽고 본능적인 행동이지만 해결에 아무런 도움이 되지 않는다. 남 탓만 하다가 정작 소중한 내 인생을 허비하는 건 미련하다. 무엇보다 중요한 사실은 이유를 불문하고 '내가 힘들다'는 것이다.

가끔은 해결하기 힘든 일도 있다. 하지만 그럴 때도 누군가에게 진심 어린 위로를 받으면 설령 문제가 그대로 남아 있더라도 마음이 조금은 풀린다. 그동안 지치고 무너져 주변에 벽을 쌓던 마음, 화가 나고 얼어붙어 있던 마음이 아주 조금이라도 녹으면 상황을 분명하게 마주할 용기가 생기고 이전에는 생각하지 못했던 방식으로 생각하게 된다. 그렇게 작은 변화들이 쌓이면 커다란 어려움도 해결할 방법을 찾을 수 있다. 이게 바로 다른 사람도, 상황도 그대로지만 내가 바뀌는 과정이다. 내가 바뀌어야 세상이 바뀔 수 있다. 내가 바뀌면 나의 세상이 바뀐다.

이 책을 펼쳐보았다는 것은 내 마음이 나에게 보내는 신호일지도 모릅니다. 마음에 귀를 기울여보세요. 지금은 그저 내 마음을 들여 다보고 알아차리는 것만으로 충분합니다. 나를 힘들게 하는 것이 무엇인지, 내가 어떻게 달라지고 싶은지 적어보세요.

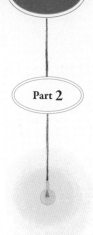

Part 2

나로 인해 힘든 사람들

01

문제의 뿌리 찾아보기

어느 날 갑작스러운 공황발작, 불안감이라는 어려움으로 찾아온 세 사람(B, C, D)이 비슷한 질문을 했다.

"저는 왜 이런 건가요? 제게 왜 이런 문제가 생긴 건가요?"

공황발작은 예측할 수 없는 상황에서 갑자기 극심한 불안을 경험한다. 실제 경험해본 사람들은 "죽을 것 같은 불안"이라고 표현할 정도로 심하다. 동시에 손 떨림이나 과호흡, 어지러움, 두근거림과 같은 증상도 발생하기 때문에 그 순간 일상이 마비되어버린다. 증상이 아주 긴 시간 지속되진 않지만 워낙 힘든 경험이다 보니 또다시 그런 증상을 겪을까 봐 두려워지고, 증상이 나타났던 당시와 비슷한 상황이나 장소를 피하려고 한다. 전형적인 증상을 보이는 경우도 있지만 불안감은 사람마다 느끼는 방식이 조금씩 다르다.

공황발작 증상을 경험한 세 사람은 혼란스러워졌다. '뭐가 문제일까?' '몸에 병이 생긴 건 아닐까?' '내가 뭘 잘못해서 이런 일이 생겼나?'

우리는 어떤 일이 일어났을 때 본능적으로 원인을 찾으려고 한다. 원인을 찾지 못하면 답답하고 문제가 해결되더라도 어딘가 찜찜하다. 반면 비록 해결이 되지 않더라도 원인을 찾으면 일단 속은 시원하다. 그런데 어떤 문제는 비교적 원인을 쉽게 찾을 수 있지만 어떤 문제는 찾기 어렵다. 여러 가지 원인이 섞여 있거나 문제가 오래되었을수록 더 찾기 어렵다.

무엇이 문제일까?

'병은 왜 생길까?' '사람은 왜 힘들까?' 같은 질문은 과거에서부터 늘 있어왔고 그 답을 찾기 위해 수많은 학자들이 이론을 만들었다. 그중 정신과 영역에서 가장 두루 적용되는 이론은 정신과 의사 조지 L. 엥겔George L. Engel의 생물-심리-사회 모델Bio-Psycho-Social Model이 아닐까 생각한다.

생물-심리-사회 모델은 질병의 발생과 지속이 타고나는 생물학적 요인, 개인의 사고체계와 관련한 심리적 요인, 타인이나 주변 환경과 관련한 사회적 요인의 상호작용으로 발생한다고 본다. 대부분의 정신적 어려움이 생물-심리-사회 모델로 설명될 수 있고, 만성 통증 같은 몇몇 만성질환에 적용되기도 한다.

생물학적 요인이 강한 경우도 있고 심리적 요인이나 사회적 요인이 강한 경우도 있지만, 확실한 사실은 비중의 차이가 있을 뿐 모든 요인이 영향을 준다는 것이다. 단순히 한 가지 요인으로만 설명할 수 있는 경우는 없다. 동일한 유전성을 가진 일란성 쌍둥이가 비슷한 환경에서 자라도, 한쪽은 우울감을 겪고 다른 한쪽은 그렇지 않다. 같은 공간에서 똑같은 사고를 경험해도 누구는 외상후스트레스장애를 겪고 누구는 힘들어하긴 하지만 극복해낸다. 정신과적 증상이 복잡한 요인으로 인해 발생하고 지속되기 때문이다.

생물학적 요인

⌄

첫 번째로 공황장애 진단을 받은 B는 가족력이 있었다. B의 어머니가 비슷한 증상으로 치료받고 있었다. 병원에 가보거나 진단을 받은 적은 없지만 외할머니도 비슷했다고 전해 들었다.

생물학적 요인은 그야말로 타고나는 것이다. 누구 탓도 아니고 내가 딱히 바꿀 수 없는 부분이기도 하다. 대표적으로 유전이 여기에 속한다. 우울, 불안이 유전질환은 아니지만 가족력이 있는 경우에는 발생 확률이 높아진다. 조현병은 우울증에 비해 가족력이 있는 경우가 더 많고 ADHD(주의력결핍과잉행동장애)도 그렇다. 뇌에서 분비되고 흡수되는 세로토닌, 도파민 같은 신경전달물질의 불균형이 증상의 원인이 된다.

호르몬의 영향도 생물학적 요인에 해당된다. 갑상선 호르몬의 저하로 무기력감이나 우울감이 생길 수 있으며 반대로 갑상선 호르몬 항진 시 불안하고 예민해질 수 있다. 그래서 심리적 어려움에 신체적인 증상이 유난히 많이 동반되거나 우울증 약 치료에 반응이 적은 경우 갑상선 호르몬 검사를 권유하기도 한다. 생리가 시작되기 7~10일 전에 심해지는 예민함, 출산 후 우울증, 갱년기 우울과 불안은 여성 호르몬의 영향이다. 우리는 기분이 다 내 마음에서 비롯된다고 생각하지만 생각보다 사람은 생물학적인 영향을 많이 받는다. 의지만으로 모든 것이 되지는 않는다. 질병, 생리주기, 생애주기에 따라 나의 의지와 상관없이 기분의 변화가 나타날 수 있다. 물론 그렇다고 호르몬 탓만 하고 있을 수는 없다. 원인은 어쩔 수 없더라도 이러한 원인을 어떻게 해결하고 다루는지는 전적으로 내가 할 수 있는 영역이다.

내가 앓고 있는 증상의 주 원인이 생물학적 요인이라고 하면 보통 반응은 두 가지다. '난 평생 이렇게 살아야 하는구나'라고 낙담하거나 '내가 뭘 잘못해서 생긴 문제가 아니었구나'라고 생각해서 마음이 편해진다. 고치기 힘든 증상을 겪고 있거나 비슷한 증상으로 가까운 가족이 고생한 것을 본 경우에는 전자의 경우가 많고,

평상시 자신이 겪고 있는 증상으로 인해 자책을 많이 해왔거나 주변의 핀잔을 자주 들어온 경우에는 후자가 많은 것 같다. 그런데 생물학적 요인 중에는 일부 후천적인 노력으로 바꾸거나 개선할 수 있는 것도 있다. 사실 우리는 이미 타고난 신체적 요인도 극복해가며 살고 있다. 키가 작은 사람은 하이힐을 신고 자신의 체형에 어울릴 만한 옷을 입는다. 눈이 작으면 아이라인을 그린다. 이렇게 부족한 부분을 보완할 뿐 아니라 나아가 결점이라고도 볼 수 있는 타고난 특성을 오히려 개성으로 승화하는 경우도 많다.

가족력이 있는 경우 남들보다 그 부분에 있어서는 취약할 수 있지만 그만큼 빨리 병을 알아차리고 잘 대처해서 시행착오를 줄일 수 있다. 미리 병의 발생, 악화와 관련된 스트레스 관리에 더 신경 쓴다면 오히려 도움이 되는 경우도 있고 다른 예측하지 못한 힘든 일이 닥쳤을 때 더 쉽게 극복할 수도 있다. B 역시 증상이 나타나자마자 공황장애인 것 같다는 생각에 바로 병원에 왔기 때문에 빠른 치료가 시작될 수 있었다. B의 어머니도 딸이 자신과 비슷한 어려움을 겪는 것이 마음 아팠지만 B의 마음에 더 잘 공감해줄 수 있었고 그동안 자신이 경험해온 공황장애에 대한 모든 노하우를 전수해주었다. B도 본인이 이렇게 힘들어보니 어머니가 겪은 어려움을 더 잘 이해하게 되었고 그 와중에도 열심히 자신을 길러준 것이 감사하다고 했다.

태어날 때 자신의 외모를 선택할 수 없는 것처럼, 원치 않았지만 남들보다 더 쉽게 불안해지거나 더 수줍거나 더 사고를 치거나 더 끈기가 없이 태어났을 수 있다. 누구도 완벽하진 않다. 내가 가진 것을 이해하고 감사하면서 점점 더 나은 나, 스스로 만족스러운 내가 되기 위해 애쓸 뿐이다.

기질이란 게 정말 있을까?

신경전달물질, 호르몬뿐 아니라 사람이 타고나는 성격적 특성인 기질temperament도 넓게 보면 생물학적 요인에 들어간다. 아기들은 모두 비슷해 보이지만 자세히 보면 행동과 자극에 대한 반응이 조금씩 다르다. 새로운 것을 신기해하고 자꾸 만지려고 하는 아기가 있는 반면 무서워하고 조심성이 많은 아기도 있다. 엎드리기든 장난감 쥐기든 될 때까지 계속 해보는 아기가 있는 반면 조금 해보다가 잘 안되면 포기하는 아기, 울면서 짜증 내는 아기가 있다.

미국의 저명한 정신과 의사이자 유전학자 C. 로버트 클로닝어C. Robert Cloninger는 유전적으로 타고나는 성격적인 특성을 연구했고 사람의 기질을 네 가지 영역으로 나누었다. 그중 첫 번째는 자극 추구Novelty Seeking로, 얼마나 새로운 것에 호기심을 가지고 모험과 자극을 추구하는가다. 자극 추구가 높은 사람은 좋은 의미로든 나쁜 의미로든 충동성이 있고 자신의 행동에 따른 보상에 민감하게 반응한다. 그래서 자극 추구가 높은 사람은 모험심이 가득하기도 하지만 도박 같은 문제에 빠질 수도 있다.

두 번째는 위험 회피Harm Avoidance로 어떤 상황에서 발생할 수 있는 잠재적인 위험성이나 손해를 얼마나 피하려고 하는지, 전반적인 조심성과 긴장도가 얼마나 강한지다. 위험 회피가 높은 사람은 자극 추구가 높은 사람과 다르게 신중하고 안전한 길을 택한다. 위험에 빠지는 일은 적지만 새로운 것을 피하다 보니 경험에 한계가 생기거나 낯선 환경에 적응하는 데 시간이 오래 걸리기도 한다.

세 번째는 보상 의존성Reward Dependence이다. 이는 사회적 반응, 즉 다른 사람의 표정이나 감정, 행동 등에 얼마나 민감하게 반응하는지다. 보상 의존성이 높은 사람은 대인관계에 관심이 많고 감수성이 높은 반면 타인의 반응을 지나치게 신경 쓸 수 있다. 보상 의존성이 낮은 사람은 독립적이고 자신에게 집중하지만 냉소적인 특성을 가질 수 있다.

네 번째는 인내력Persistence이다. 인내력이 높으면 당장의 성과가 보이지 않아도 꾸준히 견디며 지속하는 경향이 있다. 높을수록 좋을 것 같지만 상황에 따른 유연하고 빠른 대처는 어려울 수도 있다.

기질은 개인의 고유한 성질일 뿐이다. 단순하게 무엇이 더 높을수록 좋거나 나쁘다고 나눌 수 있는 문제는 아니다.

사람이 가지는 서로 다른 특성이기 때문에 장단점을 따지기
보다는 '내가 이런 면이 있구나' 하는 이해를 높이고 긍정적
으로 강화할 부분과 보완할 부분을 찾는 데 의의가 있다.

심리적 요인

∨

C는 자책하며 말했다. "스트레스 받고 힘든 건 맞지만 다들 이 정
도는 힘들잖아요. 저만 유별난 것 같아요." C는 취업준비생이었다.
취업난이 계속되면서 회사에 다니는 사람도 잘릴까 걱정하는 마당
에, 젊은이들을 위한 새로운 자리는 그야말로 가물에 콩 나듯 생겼
다. 그나마 몇 안 되는 자리에 쟁쟁한 경쟁자들이 구름처럼 몰려들
었다. 불합격, 탈락이라는 단어는 일상이 되었다.

　C도 한두 번의 불합격은 당연한 것, 경험 쌓는 것이라고 생각
했다. 서너 번의 불합격은 우리가 시대를 잘못 만난 탓이라며 친구
들끼리 모여 진탕 술을 마시고 풀었다. 그런데 하나둘 다른 친구들
의 취업 소식이 들려오고 이번에는 붙을 것 같다는 희망을 가졌던
곳에서도 결국 불합격이라는 문자가 오자 그때부터는 머리가 완전
히 굳어버렸다고 했다. 어느 회사에 지원한다는 이야기를 아무에
게도 하지 못했고 친구들의 연락에도 핑계를 대며 피했다. 자꾸 자
신이 실패자라는 생각이 들고 부모님의 지나가는 말에도 예민해져
서 발끈했다. 결국 입사 시험 보기를 포기하고 공무원 시험 준비를

시작했고, 여느 날처럼 도서관에서 공부하던 중 C에게 불안 증상이 나타났다.

C는 가족력도 없었다. C의 표현으로 다른 가족들은 모두 '멘탈'이 튼튼하다고 했다. 본인만 빼고 말이다. 실제로 교육자 집안에 언니와 오빠는 전문직이거나 대기업에 다니고 있었다. 막내답게 애교도 많고 노는 것도, 사람도 좋아하는 C는 가족들과는 조금 다른 성향이었고 그래서 어릴 때는 귀여움도 많이 받았다. 학창 시절에도 공부에 큰 뜻이 있지는 않았지만 조금만 노력하면 자신도 언니, 오빠처럼 잘할 수 있고 번듯한 직장을 가질 수 있을 거라고 막연히 생각했다. 하지만 막상 성인이 된 후 세상은 녹록지 않았다.

가족들은 C의 반복되는 시련을 이해하지 못했다. 왜 더 열심히 못하는지, 왜 이렇게 끈기가 없는지 답답해했고 노력이 부족하기 때문이라고 생각했다. 가족들만 그렇게 생각한 것이 아니었다. C 스스로도 자신이 노력하지 않고 끈기가 없다고 생각했다. 자기 나름대로는 열심히 하고 있는데도 말이다. C는 잘나가는 가족들 사이에서 소외감을 느꼈다. 점점 자신이 없어지고 그만큼 예민해졌다. 주변의 걱정하는 말도 질책으로 들리고 친구들의 안부전화도 순수한 의도가 아니라 아직도 취업 준비생인지, 어디에 취직했는지 확인하려고 하는 것처럼 느껴졌다. 자격지심이 생긴 것이다. C는 점점 더 부정적이거나 왜곡된 생각을 많이 하게 되었고 이 생각들 때문에 점점 불안하고 우울해졌다.

사람에게는 여러 가지 능력이 있다. 잘 노는 것도 능력이고 엉덩이를 붙이고 공부하는 것도, 돌발 상황에 대처하는 것도 능력이다. 기질처럼 타고나는 부분도 있겠지만 설령 똑같이 태어났다고 해도 성인이 되었을 때의 모습은 똑같지 않다. 개인의 경험이라는 고유한 색채가 덧씌워진다. 이 경험에 대해 서로 다른 해석을 함으로써 자신이 가지고 있는 능력을 더 발전시키기도 하지만 기존에 가지고 있는 능력마저 잃어버린 채 살게 될 수도 있다.

내담자 C는 좌절하는 상황을 반복해서 겪으면서 부정적인 사고가 많아졌다. 자신이 가지고 있는 호기심 많은 기질, 사람들과 잘 어울리는 능력 같은 장점은 최소화해서 생각하고 자신과 성향이 다른 언니, 오빠의 장점은 최대로 부풀려서 생각했다. 취업이라는 인생의 한 부분에서의 어려움을 인생 전체에서의 실패처럼 극단적으로 받아들였고 앞으로도 자신이 실패한 삶을 살 것이라고 예단했다. 오랫동안 나는 못났다, 남들만큼 잘하지 못한다는 부정적인 믿음을 안고 있었고 결과적으로 자존감이 낮아질 대로 낮아진 상태였다. 그래서 전이라면 아무렇지 않게 넘겼을 상황도 예민하게 받아들이게 된 것이다.

누구나 C와 비슷한 상황이 될 수 있다. 살면서 힘든 일을 겪지 않을 수는 없는데, 충분히 회복하지 못한 상태에서 어려움을 반복해 겪으면 부정적인 해석을 하는 경향이 더 강해진다. 왜곡된 생각이 자존감을 낮추고, 낮아진 자존감이 생각을 더욱 왜곡시키는 악순환의 고리에 갇히게 되기 때문이다. 만약 지금 내가 이런 상태라면 나도 모르게 악순환 속에 머무를 것이 아니라 반복되는 부정적인 생각의 고리를 끊고, 보다 객관적이고 긍정적인 생각으로의 변화가 필요하다. 의식적으로라도 긍정적인 방향으로 생각이 바뀌면 마음이 달라지고 결과가 바뀐다.

사회적 요인

∨

D는 얼굴에 이미 '착함'이라고 쓰여 있는 듯한 사람이었다. 남에게 해코지하지 못하고 성실한 사람인 D는 요즘 출근하기가 죽기보다 싫었다. 그냥 쉬고 싶다거나 게을러서가 아니었다. 그렇다고 일이 안 맞는 것도 아니었다.

D가 이렇게 힘들어진 이유는 다름 아닌 자기 기분에 따라 갑자기 화를 내고 버럭 소리 지르는 직장 상사 때문이었다. D의 상사는 다른 사람이 실수했을 때는 물론이고, 별문제가 없을 때나 심지어 본인이 실수했을 때도 불같이 화를 냈다. 그러면서도 자신의 잘못을 인정하는 일은 결코 없었다. 어떤 동료들은 상사가 그럴 때마다 '그래, 혼자 실컷 떠들어라, 그래 봤자 네 혈압만 오르지'라고 생각하며 한 귀로 듣고 한 귀로 흘려버린다고 했다. 하지만 D는 도저히 그럴 수가 없었다. 내가 무언가 큰 잘못을 한 것 같아 불안했고 자신에게 소리 지를 때뿐 아니라 다른 사람에게 소리 지를 때도 마치 자신이 혼나는 것처럼 심장이 두근거렸다. 고막을 파고드는 큰 목소리가 들릴 때마다 패닉이 올 지경이었다.

현재 D의 불안 증상에 가장 영향을 미치는 것은 직장이라는 환경이다. 우리의 마음에 영향을 주는 사회적 요인들에는 가정환경, 학교생활, 직장생활, 경제적 요인, 사회문화적 요인 등이 있다. 다시 말해 개인에게 영향을 줄 수 있는 모든 외적 환경이다. 누구라도 극심한 트라우마를 경험하거나 빈곤, 차별, 괴롭힘이 심한 환경에서는 D의 경우처럼 견디기 힘들어진다.

학교폭력도 그중 하나다. 대응할 수 있는 외부 자원이 풍부하지 않고 다른 선택을 하기 어려운 어린 시절에 학교라는 밀집된 공간에서 꼼짝없이 겪게 되는 따돌림, 괴롭힘의 경험은 사람에게 아주 큰 상처를 준다. 개인의 잘잘못이나 취약성과 상관없이 말이다. 누구나 크게든 적게든 영향을 받는다. 어떻게 잘 극복한다고 해도 상처는 완전히 사라지지 않는다.

그 외에도 인종차별이나 여전히 많은 나라에 남아 있는 성차별같이 어떤 사회적 요인은 너무나 뿌리 깊고 광범위해서 그 영향력에서 벗어나기가 쉽지 않은 경우도 있다. 사회적 요인을 바꿀 수 있는 주변의 도움, 나아가 사회적 인식이나 제도의 개선이 필요하다. 지금 우리가 누리고 있는 많은 평등과 자유가 이를 위해 싸웠던 수많은 사람들의 노력과 희생으로 이루어진 것처럼 말이다.

집단 혹은 권력자와 한 개인의 싸움에서 개인의 힘은 상대적으로 나약할 수밖에 없다. 무언가 해보려고 용기를 내도 그 큰 힘의 벽에 부딪치는 것이 반복되면 나는 아무것도 할 수 없다는 무력감에 빠지고 만다. D도 신입사원의 입장에서 직장 상사는 넘을 수 없는 거대한 산 같았고 그저 참는 것만이 유일한 선택이었을 것이다. 다른 사람도 그러고 있으니까, 다들 견디니까 나도 견뎌보려고 하지만 버티는 게 너무 힘들다.

사회적 요인이 너무 강할 때는 왜 그걸 극복하지 못하냐고 개인을 탓해서는 안 된다. 누구라도 그 상황에서는 쉽지 않다. 다시 말해 못났다고 자책할 게 아니라 당연히 힘들다고 인정해주어야 한다. 어린 시절 나보다 훨씬 힘센 누군가에게 맞고 오면 부모가 어떻게 해주길 바랐을까? 안 그래도 힘든데 내 잘못을 다그치는 게 아니라, 내가 괜찮은지 물어봐주고 같이 욕도 해주고 달콤하고 맛있는 걸 먹여주면서 달래주길 바랐을 것이다. 누구나 그런 위로가 필요한 순간이 있다. 그렇게 누군가에게 혹은 스스로에게 따뜻한 위로를 잔뜩 받고 나면 억울하고 속상한 것도 조금 풀리고 어느 순간에는 맞서 싸울 용기도 얻게 될지 모른다.

누구나 경험하고 있는 어려움도 다르지만 그 어려움이 각자에게
미치는 영향도 다 다릅니다. 지금 나아지고 싶은 나의 어려움이 있
나요? 그 어려움의 원인은 어디에서 오는 걸까요? 나의 어려움과
관련한 생물학적, 심리적, 사회적 요인을 그림 속에 적어보세요.

어떤 요인의 영향이 가장 큰가요? 이 중 받아들여야 하는 요
인과 바꿀 수 있는 요인에는 어떤 것이 있을까요? 만약 바꿔야 한
다면 어떻게 더 나은 방향으로 바꿀 수 있을까요?

이 세 가지 요인들은 개인의 삶에서 복잡하게 뒤섞여 있습니
다. 하나가 다른 것에 영향을 주고 그것이 또 다른 것에 영향을 줍
니다. 내가 가지고 있는 어려움을 직시하는 일은 늘 힘듭니다. 가
끔은 막막한 기분이 들기도 합니다. 앞서 말했듯이 이 과정은 나를
분석하거나 비난하기 위함이 결코 아닙니다. 내가 가지고 있는 어
려움들을 이해하고 토닥여주기 위함임을 잊지 마세요.

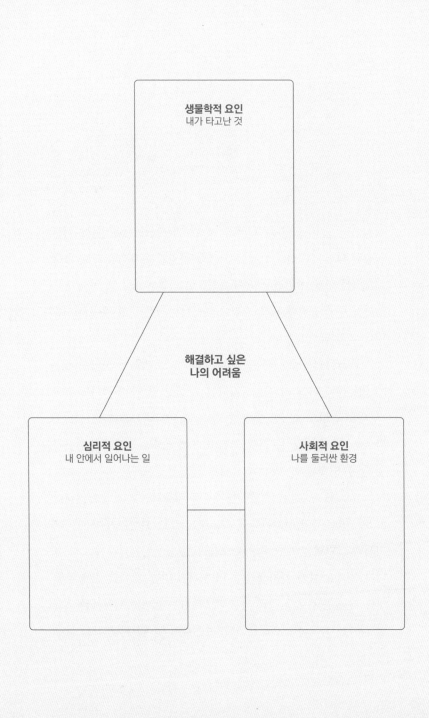

생물학적 요인
내가 타고난 것

해결하고 싶은
나의 어려움

심리적 요인
내 안에서 일어나는 일

사회적 요인
나를 둘러싼 환경

나의 강점도 떠올려보세요. 가끔 우리는 앞에 닥친 어려움에 너무 집중한 나머지 자신이 가진 좋은 것들을 잊고 살아갑니다. 나의 강점도 생물학적, 심리적, 사회적 요인을 고려해서 조금 더 자세히 들여다볼 수 있습니다. 나의 강점이 무엇인지 다음 그림 속에 적어봅시다.

누구에게나 강점, 좋은 점이 있습니다. 그것을 발견할 수 있는지 없는지에 따라 더 강화되기도 하고 점점 없어져버리기도 합니다. 나의 강점을 찾아줄 수 있는 건 나 자신밖에 없습니다. 다른 누가 나의 강점을 찾아준다고 해도 내가 인정하지 못하면 강점이라고 할 수 없습니다.

간혹 자신에게 유독 깐깐한 기준을 적용하는 사람들도 있습니다. 자기비판적인 성격이라서 그럴 수도 있고, 깐깐함이 자신을 발전시키고 단점을 개선하는 데 도움이 된다고 믿어서일 수도 있습니다. 실제로 내가 가지고 있는 여러 가지 면들 중 나쁜 점에 집중하면 더 높은 목표를 향해 나를 채찍질하는 효과도 있겠지만 그만큼 나에게 혹독하게 대하게 되고 자존감이 떨어지거나 나를 사랑하기가 어려워질 수 있습니다. 우리에게는 채찍이 필요한 순간도 있지만 당근이 필요한 순간도 있습니다. 그동안 스스로에게 엄격했다면 이제부터는 나의 강점에도 집중해보세요.

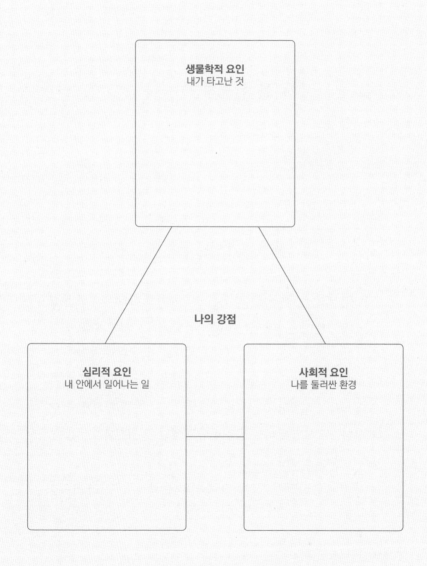

02

나를 힘들게 하는 나

내가 나의 안티 같을 때

종종 사람들은 옆에서 보거나 스스로 느끼기에 이해할 수 없는 행동을 한다. 몇 개월 혹은 몇 년 동안 잠도 제대로 자지 못한 채 시험을 준비해놓고 막상 시험 당일에 지각하거나 수험표를 깜빡한다. 수년간 짝사랑해온 상대가 드디어 마음의 문을 열었는데 그 순간 내 마음이 식어버린다. 공든 탑을 누가 무너뜨려도 화가 날 텐데, 무너뜨린 사람이 바로 공들여 탑을 쌓던 나 자신이라는 게 잘 이해가 되지 않는다.

물론 모든 선택에 정답이 있지는 않다. 현재의 결정이 미래에

54

어떤 결과를 가져올지는 아무도 모른다. 마지막 순간에 직감적으로 옳지 않은 길이라는 느낌이 들어 방향을 돌리거나, 모든 것을 이룬 뒤 허무함 같은 깨달음을 얻는 경우도 있다. 그리고 결정이 옳았는지 틀렸는지에 대한 결과는 당장 눈에 보이지 않는다. 하지만 많은 사람들이 이야기하는 '마치 스스로가 자신의 발목을 잡고 있는 것 같은 느낌' '내가 나 자신을 벌하는 것 같은 느낌'에 대해서는 생각해볼 필요가 있다. 마치 자신은 그렇게 행복할 자격이 없다는 듯 스스로에게 해가 되는 선택을 의식적으로든 무의식적으로든 반복한다. 이유가 무엇일까? 어떻게 해결할 수 있을까?

조절 능력의 문제

∨

자신은 무엇 하나 제대로 하는 게 없다고 말한 30대 내담자 E가 있었다. 직장에서 일을 제대로 마무리 짓지 못하거나 중요한 부분을 놓치는 것이 고민이었다. 하필 서류 작업이 많은 일이다 보니 세세한 부분에서 늘 실수가 나와서 본의 아니게 열심히 일하지 않는 사람 취급을 받고 있었다. E는 원래 유쾌한 성격이었지만 비슷한 일이 반복되다 보니 의기소침해졌다. 병원에 오게 된 결정적인 계기는 오랫동안 준비한 프로젝트를 발표하는데 그 중요한 날에 정작 발표 자료를 깜빡하고 가져오지 않은 일이었다. 스스로도 이대로는 안 되겠다는 생각이 들었다고 했다.

사실 E는 같은 문제를 꽤 오래전부터 겪어왔다. 학창 시절부터 물건을 잃어버리는 일이 잦았고 책상은 늘 어질러져 있어서 무언가를 찾으려면 한참이 걸렸다. 할 일을 미루다가 근무시간에 일을 다 끝내지 못하고 퇴근이 늦어지는 경우도 많았다. 평생을 이렇게 지냈기 때문에 그냥 성격이라고 생각했다. 그런데 이제는 처리해야 할 일이 많아지고 일의 중요도가 높아지다 보니 한 번의 실수가 미치는 파장이 전보다 훨씬 컸다. E의 또 다른 문제는 화를 참기 어렵다는 것이었다. 한번 감정이 폭발하면 주체할 수가 없었고 욱해서 행동한 다음 후회하기 일쑤였다. E는 다치기도 자주 다쳤다. 접촉사고도 자주 났다.

만약 일을 잔뜩 벌여놓고 마무리 짓지 못하는 경우가 흔하다면, 주의력 문제를 가장 먼저 생각해볼 법하다. 우울하거나 불안해서 주의력이 떨어질 수도 있지만, 주의력과 관련한 가장 대표적인 질환은 ADHD다. 이 경우에 일 처리 방식이 체계적이지 못하거나 실수가 잦고 중요한 것을 빠뜨려 일을 그르치기도 한다.

ADHD는 스트레스를 받아서 생기거나 성인이 되어 갑자기 생기지는 않고 생물학적으로 타고나는 것이기 때문에 어린 시절부터 주의력 부족, 산만함, 충동 조절의 어려움을 보인다. 아이들의 경우 보통 학교에서 규칙을 지키거나 자기 일을 스스로 해야 할 때 어려움을 겪는다. 단순히 집중, 몰두의 문제라기보다는 조절의 문제이기 때문에 감정 조절, 행동 조절 등 다양한 어려움들이 생활 전반에 걸쳐서 나타난다. 그러다 보니 집, 학교, 직장에서 자꾸 갈등이 생기게 되고 이게 반복되면 자존감이 낮아지거나 우울감이 생기는 등 이차적인 심리 문제가 발생할 수 있다. 앞서 이야기한 직장인 E의 문제들도 얼핏 보면 다른 문제 같지만 모두 조절 능력과 관련된 어려움이다.

과거에는 ADHD를 아이들의 질환으로만 생각했다. 근래에 들어서야 치료를 받지 않으면 또는 치료를 하더라도 일부는 성인이 되어도 증상이 남아 있다는 것을 알게 되었고 성인 ADHD 약 처방도 보험이 가능해졌다.

긴장과 불안

∨

불안이 원인일 수도 있다. 연주자, 발표자가 긴 시간을 연습하고 수없이 마인드컨트롤을 하고도 무대에 올라가기 직전 심한 불안에 빠지거나, 남들은 알아차리기도 힘들 만큼 작은 실수로도 긴장감이 고조되어 평상시의 능력을 다 발휘하지 못하는 경우다. 이런 경우들을 수행불안performance anxiety이라고 한다. 공부도 잘하고 평상시 간단한 시험은 잘 보는데 수능처럼 큰 시험에서는 제 실력에 한참 못 미치는 경우도 있다. 보통은 불안과 더불어 두근거림, 식은땀, 쓰러질 것 같은 기분, 소화불량, 과민 대장 증후군 등의 신체적 증상도 동반된다. 이러한 신체적 증상은 자율신경계에서 흥분성 교감신경이 항진되어 나타난다. 불안이 만성적인 경우 심리적 증상은 명확하게 인식하지 못한 채 신체적 증상만 경험하기도 한다.

중요한 순간은 중요하기 때문에 당연히 더 긴장되고 불안하다. 이 당연한 불안감이 적절한 수준이면 더 각성해서 높은 성취를 얻을 수도 있다. 하지만 과도한 불안은 수행을 방해하고 심한 경우에는 포기해버리게 만들기도 한다. 누구나 힘들고 불안할 때는 그 상황을 피하고 싶어지는 것이 당연하다. 하지만 불안에 잠식되지 않으려면 피하지 않는 것이 우선이다.

피하는 것과 물러서서 때를 기다리는 것은 다르다. 전자는 전략이 없고 후자는 전략이 있다. 당장 맞설 힘이 없다면 잠시 물러서서 힘을 모으고 전력보충을 해서 돌파해야 한다. 회피해버린다면 당장은 불안을 가라앉힐 수 있지만 이후에 불안을 더 키울 우려가 있다. 회피는 반복될수록 눈덩이처럼 커진다. 불안을 유발하는 요소에 힘을 더 얹어주는 셈이다. 결국 불안의 치료제는 맞서는 것밖에 없다.

그렇다면 어떻게 불안에 맞설 수 있는 걸까? 불안을 극복하기 위해서는 자기효능감(내가 어떤 일을 해낼 능력이 있다고 믿는 마음)이 필요한데, 자기효능감을 처음부터 가지고 태어나는 사람은 없다. 무엇이든 작은 일이라도 일단 하고, 스스로 그 일을 해내거나 설령 실패하더라도 거기서 무언가를 배울 때 자기효능감이 생길 수 있다. 자기효능감은 이율 좋은 적금 같은 것이다. 적은 금액이어도 틈틈이 넣어두면 중요한 순간에 큰 힘을 발휘한다.

자기효능감은 결국 나, 내가 할 수 있는 것에 대한 믿음이기 때문에 자기조절 능력과도 관련되어 있다. 나의 삶, 나에게 일어나는 일들을 내가 통제할 수 있다는 믿음이 있다면 예상 밖의 일이 벌어졌을 때 당황하지 않고 대처할 수 있다. 그래서 불안할 때 생기는 교감신경 관련 신체 증상을 조절하는 연습, 생각의 악순환을 조절하고 나아가 기분을 조절하는 연습은 그 자체로도 효과적이지만 내가 나를 조절할 수 있다는 믿음을 높인다는 점에서 굉장히 중요하다.

만약 평상시 마음을 편하게 할 수 있는 심호흡, 명상과 같은 이완 훈련을 충분히 한다면 불안이 급격히 발생했을 때 '나는 이 긴장감을 완화시키고 불안감을 통제할 수 있다'는 믿음을 불러올 수 있다. 왜곡된 사고를 교정하는 인지치료는 불안을 유발하고 증폭시키는 부정적인 생각, 극단적 사고를 막음으로써 흔히 발생하는 두근거림이나 떨림 같은 작은 불안의 신호가 패닉 증상으로까지 이어지는 것을 막을 수 있다. 긍정적인 생각은 보지 못했던 대안을 찾는 것을 넘어서 새로운 의미를 발견하게 도와준다.

중요한 순간에서 느끼는 불안은 당연하다. 내가 지금 느끼는 불안은 한발 더 나아가는 도약점, 그곳에 서 있다는 의미일 수도 있다. 올림픽 100미터 경주에 나온 선수들을 보면 자신의 이름이 호명될 때 비슷한 경험을 수없이 많이 했을 것이 틀림없는데도 불구하고 긴장한 모습이다. 우리도 그 모습을 보면 덩달아 긴장한다. 두근두근 불안한 순간 선수들은 각자의 방법으로 긴장을 푼다. 장난스러운 포즈를 취하기도 하고 다리를 툭툭 털며 마인드컨트롤을 한다. 그리고 이 순간이 나에게 얼마나 중요한 순간인지를 떠올린다. 지금을 위해 해왔던 그동안의 노력들과 마침내 해내는 모습을 상상하며 자신의 에너지를 최고조로 끌어 올려 출발 신호와 함께 달려 나간다. 사람은 누구나 그런 순간이 필요하다.

무의식적 두려움

∨

조금 더 복잡하고 알아차리기 어려운 이유로, 무의식적인 동기가 있을 수 있다. 나 스스로를 성공할 자격이 없는 사람이라고 생각하며 내가 잘한 부분에 대해서는 과소평가하거나 운이라고 여기고, 결국에는 모든 것을 제대로 해내지 못하거나 망쳐버리고 말 것이라는 믿음이 무의식에 뿌리 깊게 자리 잡은 경우다.

　실제로 실패를 자주 경험한 사람들이 이런 생각을 가지고 있기도 하지만, 누구나 인정할 만큼 성공한 위치에 올라갔는데도 불구하고 나는 그럴 만한 자격이 없는 사람이라고 믿는 경우도 있다. 높은 자리에 있을수록 내가 자격이 없다는 사실을 모두가 알게 될 것이고 결국 엉망진창인 자신을 모두에게 들키고 말 것이라는 두려움을 가진다. 이러한 무의식적인 믿음을 당연히 스스로는 잘 인식하지 못한다. 다만 이해할 수 없을 만큼 자존감이 낮고 스스로에게 엄격하며 자신의 노력으로 이룬 성취를 마음껏 누리지 못하고 막연한 불안감과 두려움에 휩싸여 사는 것이다. 마음속 두려움을 가진 사람은 과도하게 방어적, 공격적이 된다. 성공의 증거들이 있음에도 실패했다는 마음으로 산다면 실패한 것과 다를 바 없다. 부정적인 예언만 계속하다 결국에는 자신이 믿는 그대로 되는 경우도 있다. 다 망쳐버리는 것이다. 그렇게 실패의 경험을 하면 그 경험은 자꾸 부풀려지고 악순환이 강화된다.

두려움은 누구에게나 있는 감정이다. 그리고 생존을 위해 자연스러운 본능이기도 하다. 감당할 수 있는 정도의 작은 두려움일 때는 이를 극복하고 마음을 가다듬어 더 강해질 수 있지만, 감당하기 어려운 정도로 크거나 시작도 알 수 없을 만큼 오래되어 단단히 뿌리내린 경우라면 극복하기 쉽지 않다. 이 세상 두려움 중 가장 큰 것은 무엇일까? 바로 무의식 속 깊숙이 자리 잡은, 실체가 없는 두려움이다.

국내에서 손꼽히는 대학을 졸업하고도 몇 년째 직장을 구하고 있는 취업준비생 F가 있었다. 열심히 하지 않는 것은 아니었다. 학점도 나쁘지 않았고 취업을 위한 스펙도, 자격증도 있었다. 그래서 더 안타깝기도 했다. 최종면접까지 가서 되겠거니 생각했지만 결과가 좋지 않은 경우도 있었고, 합격을 하고도 생각했던 것과 달라 얼마 되지 않아 그만둔 경우도 있었다. 능력에 비하면 이해할 수 없는 일이었다. 반복되는 실패는 F를 자꾸 위축시켰다.

F는 어릴 때부터 착하고 똑똑한 아이였고 자연스레 부모님의 기대도 높았다. 학창 시절에도 조용했고 나서는 것을 좋아하지 않았다. 부모님이나 선생님 말을 잘 듣고 착한 행동을 하거나 무언가를 잘해냈을 때 주목을 받았고, 보통의 아이들이 그렇듯 칭찬 받는 것이 좋았기 때문에 더 많이 칭찬받기 위해 노력했다. 하지만 그럴수록 해야 하는 것들은 더 많아졌다. 커가면서 잘해낸 것에 대한

칭찬보다는 잘하지 못한 것에 대한 질책이 더 많아졌다. 더 열심히 해야, 더 잘해내야 한다는 압박감은 점점 더 커졌다. 실제로 잘하고 있음에도 불구하고 기대가 너무 높다 보니 자신이 늘 부족하다, 못났다는 생각으로 살아왔다. 대부분의 일과와 목표를 부모님이 정해준 대로 하다 보니 자신이 해낸 것도 부모님 덕분에 혹은 운이 좋아서 이룬 것이라고 생각했고 스스로 할 수 있는 것은 없어 보였다.

주변의 기대를 받았던 첫 번째 취업 면접에서 실패하자 F는 예리한 면접관들이 부족하고 무능력한 자신의 진짜 모습을 꿰뚫어 보았기 때문이라고 생각했다. 무능한 자신을 들킬까 봐 면접을 다시 보는 것이 두려웠고 별로 필요하지 않은 자격증을 따거나 딱히 갈 마음이 있지도 않은 회사에 지원을 했다. 그리고 막상 정말 가고 싶은 회사에는 날짜를 잊고 원서를 내지 못하거나 원서에 엉뚱한 실수를 했다.

불안과 두려움에 휩싸이면 아무것도 하지 못하는 불능 상태가 되어버린다. 불안해서 아무것도 할 수 없는데, 아무것도 안 한다고 해서 불안하지 않은 것은 아니다. 그야말로 이러지도 저러지도 못한다. 불안의 실체는 오래될수록 모호해지고 강해진다. 실체도 분명치 않은 것이 끈질기게 발목을 잡는다.

무의식은 보통 오랜 시간에 걸쳐 형성된다. 나는 불안을 포함한 감정의 크기가 경험의 강도와 시간의 곱이라고 생각한다. 자아가 형성되는 과정인 어린 시절의 경험이라면 제곱 이상 된다고 봐야 한다. 자신과 세상에 대한 인식이 형성되는 시기의 경험은 이미 완성된 이후의 경험보다 훨씬 중요하다. 그야말로 틀을 만드는 시기이기 때문이다. 앞으로 만들어지는 모든 결과물은 대부분 그 틀의 모양으로 찍혀 나올 것이다. 그러니 얼마나 무겁고 중요한 시기인가. 그런데 안타까운 점은 그 시절에는 스스로 선택할 수 있는 것이 많지 않다는 점이다. 자신만을 탓하기엔 억울한 면이 있다. 내가 어쩔 수 없던 일들로 과도하게 스스로를 탓해서는 안 되지만 지금이라도 나아지기 위해서는 남 탓만 하고 있어서도 안 된다.

과거의 경험으로 나의 현재와 미래의 삶 전체를 저당 잡힐 수는 없다. 잘못된 그림은 다시 그리면 된다. 이상하게 그려졌다고 버릴 수 없다. 물론 아주 잘 그려진 밑그림을 따라 그리거나 깨끗한 빈 도화지에 그리는 것보다 조금 더 힘들지는 모른다. 하지만 그럼에도 포기하지 않고 계속 시도하다 보면 잘못 그려졌다 여겼던 부분이 더 멋진 그림의 포석이 되어줄지도 모를 일이다. 노력은 어떻게든 결실을 가져온다. 나중에 어떤 그림이 더 아름다울지는 두고 보아야 한다.

나의 선택과 행동이 나를 위한 것이 아니라는 느낌이 들었는가? 스스로 나 자신을 망쳐가고 있다고 느끼는가? 인정할 만한 성과를 이루었는데도 불구하고 스스로는 한없이 불안하고 언제 무너질지 모르는 모래성 같다고 느끼는가?

어딘가 잘못되었다는 사실을 아예 모르는 것보다 그 사실을 아는 것은 한 단계 낫고, 바꿀 수 있는 용기를 가지는 것은 두세 단계 더 훌륭하다. 내가 선택할 수 없던 삶과 나의 두려움들을 이겨 내고 오롯이 자신만의 선택과 결정에 따른 삶을 살게 되었을 때, 그 사람의 인생은 더욱 멋진 빛깔을 가지고 있을 것이다. 다른 누 구도 아닌 나의 아름다운 원래 색깔을 찾기 위해, 나만의 아름다운 그림을 그리기 위해 우리는 살아가야 한다.

같은 실수를 반복해요

우울하고 삶에 지쳤을 때 많은 사람들은 스스로를 탓하게 된다. 살 면서 후회되는 순간들은 수도 없이 많다. 지나고 보니 틀린 답이더 라도 그 순간에는 나름의 최선이었다면 어쩔 수 없는데도 불구하 고 이렇게 했다면 어땠을까, 이렇게 하지 않았다면 어땠을까 하는 생각에 생각이 꼬리를 문다.

우울증과 음주 문제로 왔던 20대 여성 G는 전 남자친구와 다 시 연락을 시작했다. G와 전 남자친구는 이별과 재결합이 잦았다. 오랫동안 사귀면서 좋았던 시절도 있었지만 근래에는 즐거운 기억 보다는 싸운 기억이 대부분이라고 했다. 그런데 끝장을 볼 것처럼 싸우고 헤어진 뒤 다시는 만나지 않겠다고 다짐했다가도 며칠이 지나면 다시 연락하게 되었다. 마지막으로 헤어질 때는 술을 마신 뒤 쌍방폭행으로 경찰에 신고까지 했던 터였다. 그렇게 헤어지면 서 다시는 같은 실수를 반복하지 않겠다고 굳게 다짐했다. G도 이

관계가 서로에게 좋지 않다는 것은 느끼고 있었다. 하지만 결국은 어느 날 또 술을 마시고 다시 연락을 하게 되었다. G는 만남을 유지하되 진지한 관계로 돌아가려는 마음까지는 없었지만 전 남자친구의 생각은 달랐다. 그는 G가 필요할 때만 자신을 이용한다면서 진지하게 만나주지 않으면 가족들을 찾아가겠다고 협박하기 시작했다. G는 그제야 자신이 또 같은 실수를 반복했다는 것을 깨달았다. G는 "아무리 노력해도 제자리걸음이에요. 저도 제가 답답해요" 라고 말했다.

대기업에 다니고 있는 30대 남성 H는 불안증으로 병원에 찾아 왔다. 사람 좋고 성실한 H는 입사 후 자신의 일뿐 아니라 남들이 미루는 일이나 부탁받은 일도 열심히 했고 주변의 감사를 받으면 으쓱해졌다. 그런데 남들이 미루는 일은 보통 그럴 만한 이유가 있었다. 손이 많이 가거나 어려운 일이었다. H가 쉴 수 있는 시간은 점점 줄어들었고, 열심히 했는데도 성과가 좋지 못한 경우들이 늘어났으며 정작 자신의 일은 제때 마무리하지 못하게 되었다.

H는 점점 다른 사람을 도와주는 것이 버겁거나 불필요하다고 느끼기도 했지만 그럼에도 차마 '안 된다'는 말을 하기가 어려웠다. 팀원들은 H의 모습을 못마땅해 하기 시작했다. 게다가 H의 평판도 사람은 좋지만 일이 자꾸 밀리는 사람, 마무리를 잘 못하는 사람으로 바뀌어갔다. H는 좋은 마음으로 일을 도와주었는데도 불구하고 결과가 좋지 못하면 도리어 원망을 듣는 상황이 속상했다. 그래도 자신이 노력한 만큼 다른 사람들이 인정해줄 것이고,

남들도 자신을 도와줄 것이라고 생각했다. 하지만 정작 자신의 부탁은 거절당하고 평상시에 얌체 같다고 여겼던 동기에게 승진까지 밀리자, H는 '지금까지 내가 뭘 해온 건가' 하는 생각이 들었다. 그리고 속상한 마음에 술을 진탕 마시고 이제는 절대 다른 사람 일까지 떠맡지 않겠다고 다짐했다. 하지만 어느 날 어쩌다 보니 또다시 모두가 미루는 일을 거절하지 못하고 늦게까지 일하던 중 공황발작을 경험하게 되었다.

사실 사람은 누구나 같은 실수를 반복한다. 생각해보면 당연한 이야기다. 사람은 단시간에 쉽게 바뀌지 않기 때문에 비슷한 상황에서는 늘 하던 대로 행동하게 되기 마련이다. 그 행동이 어떨 때는 별다른 문제 없이 지나가기도 하지만 어떨 때는 실수였다는 사실을 나중에서야 깨닫기도 한다. 엄밀히 말해 어떤 행동이 반복된다면, 실수라기보다는 자신이 주로 행동하는 패턴이라고 표현하는 것이 맞다. 그런데 후회가 되거나 문제가 생기는 패턴이 반복된다면 이제는 무언가 바뀌어야 할 때다. 물론 모든 상황을 내 잘못으로 돌려서는 안 된다. 나로서는 어쩔 수 없는 타인의 문제나 상황의 어려움 때문에 피해를 보는 경우도 있다. 그러나 만약 상대가 바뀌고 상황이 바뀌어도 계속 비슷한 일이 반복되고 있다면 내 문제일 가능성이 높다.

* * *

인지치료(왜곡된 사고를 확인하고 수정하는 정신 치료 기법)에서는 사람의 반복되는 생각과 행동 패턴을 '눈썰매 길'에 빗대곤 한다. 높은 언덕에서 썰매를 타고 내려온다고 생각해보자. 처음에야 새로운 길이 만들어지겠지만 이후에는 보통 기존에 만들어진 길로 내려오게 된다. 조금 옆에서 시작해도 내려오다 보면 원래 길로 내려온다. 한번 만들어진 길은 잘 없어지지 않는다. 우리 뇌도 비슷하다. 처리 효율과 성공 확률을 높이기 위해 과거의 경험을 통해 비슷한 행동을 반복하도록 되어 있다. 실제로 대부분의 업무나 일상생활에서는 매번 새로운 판단을 하는 것보다 경험을 토대로 결정하는 것이 더 효율적이다.

아주 간단한 예를 들어보자. 대부분의 사람들은 가위바위보를 할 때 습관적으로 처음 내는 것이 있다. 고민해서 내는 것이 아니라 아무 생각 없이 그냥 나오는 것이다. 만약 내가 늘 보를 냈더니 이겼던 상대와 또 가위바위보를 한다면 이번에도 보를 내는 것이 이길 확률이 높다. 그런데 그게 다른 사람에게도 항상 통하지는 않는다. 늘 보를 내서 졌던 상대가 있다면, 다음번에는 습관적으로 보를 낼 것이 아니라 미리 생각하고 계획해서 주먹을 내야 한다. 최소한 계속 지고 있는 보는 내지 말아야 한다.

가위바위보 문제를 해결하기 위한 첫 번째 단계는 내가 계속 지고 있음을 인식하는 것이다. 그게 시작이다. 그다음으로 이길 수 있는 다른 방법을 생각하고 실행해본다.

잠깐, 내가 계속 지고 있었네. (문제 인식)

→ 왜 계속 지고 있는 거지? (문제 파악 과정)

→ 아! 내가 계속 보를 내서 지고 있구나. (문제 파악)

→ 이번에 지지 않고 이기려면 무엇을 내야 하지? (해결 방법 찾기)

→ 이번에는 가위를 내보자. (해결 방법 실행)

→ 가위를 내니 비겼네. (피드백, 다른 해결 방법 찾기)

→ 그럼 이번에는 주먹을 내보자. (해결 방법 실행)

→ 이겼다! 다음에도 주먹을 내야겠다. (반복을 통한 강화)

초등학생만 되어도 알 수 있는 이 단순한 논리를 가위바위보보다 더 복잡한 상황, 사람과 감정이 섞여 있는 상황에서도 적용해볼 수 있다. 물론 가위바위보만큼 단순하지만은 않다.

앞의 20대 여성 G의 경우를 생각해보자. G는 다행히 관계에 문제가 있음을 어렴풋이 인식하고 있었다. 문제 인식은 항상 나에게서 시작되어야 한다. "잠깐, 지금 내 관계에 문제가 있네." "나는 왜 계속 이 좋지 않은 관계를 지속하고 있는 거지? 어디서부터 잘못된 걸까?" 이렇게 인식하고 나면 내가 반복하고 있는 행동 패턴을 찾아야 한다. G는 술을 마시거나 외롭다는 생각이 들면 가장 연락하기 쉬운 상대를 찾는 것을 반복하고 있었다. 또 상대에 대한 애정이나 진지한 마음이 없는데도 단순히 옆에 있어줄 누군가가 필요해서 관계를 유지하는 것도 문제였다.

만약 짐작되는 문제가 발견되었다면 이번에는 기존에 해오던 방식이 아닌, 조금 더 나은 방식의 대처를 생각해본다. 문제를 완전히 해결할 수 있는 마술 같은 정답을 한 번에 찾기를 기대해서는 안 된다. 우리의 목적은 완전한 해결이 아니라 비슷한 상황을 또 맞닥뜨렸을 때 무의식적으로 전과 같은 반응을 하는 것이 아닌 잠깐 멈추는 것, 거기서 한발 더 나아간다면 한 번 더 생각하고 좋은 방향을 계획해서 조금 다른 선택을 하는 것이다. 배가 그저 바람과 물이 이끄는 대로 잘못 가고 있는데 두 손 놓고 있을 것이 아니라 방향을 아주 살짝 돌리는 것, 혹은 일단 멈추는 것 정도로도 충분하다.

근본적인 치료는 문제의 원인이 되는 심리적 요인을 파악하고 해결하는 것이겠지만 일단은 반복되는 문제를 멈추고 더 나빠지는 것을 막아야 했기 때문에 G는 당장 하기 쉬운 것부터 해보기로 했다. 눈에 보이지 않는 마음을 바꾸는 것보다는 눈에 보이는 행동을 조절하는 것이 더 쉽다. G는 외로울 때 연락하는 행동에 대한 대안을 찾아보았다. '친구나 가족에게 전화하기' '잠자기' '좋아하는 영화나 연예인 영상 보기'와 같은 방법을 생각했고 그중에서 하나씩 시도해보았다. '친한 친구에게 전화하기'는 어느 정도 효과가 있었지만 상대의 상황에 따라 적절한 위로를 받기 어렵거나 아예 통화가 안 되는 등 예기치 않은 결과를 가져올 수 있었다. '잠자기'도 나쁘지 않았지만 마음이 힘들 때는 쉽게 잠들지 못했고 억지로 빨리 잠들기 위해 수면제를 먹거나 술을 마시는 역효과가 생기기도 했다. 마지막으로 '좋아하는 영화나 연예인 영상 보기'는 G에게 가장 잘 맞는 해결방법이었다.

G는 이 외에도 여러 가지 방법들을 시도해보고 또 문제를 보완한 새로운 방법들을 찾아가면서 반복되던 실수에서 조금씩 벗어나고 있다. 그리고 계속 갈등을 일으키는 자신의 행동을 어느 정도 인식하고 교정해서 마음이 안정되면 그 행동의 원인이 되는 마음속의 공허함과 충족되지 못한 애정 욕구에 대해 조금 더 깊이 있는 면담으로 나아갈 수 있을 것이다.

같은 행동을 습관적으로 반복해서는 과거와 비슷한 결과를 얻을 수밖에 없다. 조금이라도 다른 결심을 해야 달라진 결과를 얻을 수 있다. 매년 우리는 새로운 다짐을 한다. 입학, 이직, 이사나 장기간의 여행처럼 주변 사람이나 환경이 확 바뀌는 경험을 하고 나면 그 변화를 계기로 예전의 나와는 다른 사람이 되어 새로운 삶을 살아야겠다고 다짐하기도 한다. 더 활발해지거나, 더 차분해지거나, 더 과감해지거나, 조용해지는 등 스스로 원하는 모습들이 있을 것이다. 그러면 실제로 그렇게 바뀌었는가? 처음에는 새로운 모습, 다른 사람이 되었을지 몰라도 시간이 지나면서 대부분 원래 자신의 모습 그대로 행동하고 있는 것을 알아차리게 된다. 환경이나 주변 사람이 아무리 바뀌어도 내가 바뀌지 않으면 나는 원래의 모습 그대로다.

한순간에 익숙한 행동을 변화시키기는 어렵다. 단기간의 급격한 변화는 오래 지속되지도 않는다. 처음에는 의식적으로 노력해서 새로운 눈썰매 길을 만들어야 한다. 만약 새로운 방식이 전의 방식보다 더 낫다면 계속 해볼 수 있지만 별로 좋지 않다면 또 다른 방식을 선택해본다. 그리고 전보다 나은 다른 선택이 나의 새로운 패턴으로 자리 잡을 수 있도록 반복해야 한다.

중요한 것은 상황의 변화에 따라 이 과정을 반복해서 나도 같이 변하고 적응해나가야 한다는 사실이다. 지금은 좋은 방식이라고 생각했더라도 사람에 따라 혹은 시기에 따라 좋지 않은 방식이 될 수도 있다. 그럴 때 새로운 눈썰매 길을 만들어본 경험이 있는 사람은 다시 새로운 눈썰매 길을 만들기가 더 쉽다.

사람의 진정한 능력은 적응력에서 온다. 우리가 로봇과 다른 점은 새로운 방식의 삶을 선택할 수 있다는 점이다. 당신이 완전히 틀린 것은 아니다. 다만 그때는 맞았고, 지금은 틀릴 뿐이다. 지금 상황에 맞지 않다면 바꾸면 된다. 이것을 기억한다면 반복되는 실수라는 패턴의 굴레에서 반드시 빠져나올 수 있다.

화를 참을 수가 없어요

우울감을 주 호소로 병원에 온 I는 처음 진료실에 들어올 때부터 어딘가 화가 난 듯 보였다. 여기는 다 이런 식으로 일을 하느냐는 말로 입을 뗀 I는 예약 과정에서의 불편함, 상대방의 표정과 말투 등 모든 것이 불만이었다. 어찌 보면 그렇게 느낄 수 있고 어찌 보면 별것 아닌 일들이었다. 한참을 이야기한 I는 자신이 우울한 원인에 대해 같이 일하는 사람들 때문이라고 했다. 예전에도 일하던 곳에서 다툼이 생겨서 그만두었는데 지금도 그만두어야 하나 고민하고 있었다. I는 이런 상황이 반복되는 것이 속상하지만 사람들이 자신을 못살게 굴기 때문에 어쩔 수 없다고 생각하고 있었고 언제나 다른 사람들의 말이나 행동이 거슬리고 짜증이 났다. I는 어디를 가든 싸움닭이라는 평가를 받고 있었다.

기분이라는 건 참 주관적인 감정이다. 물론 대부분의 사람이 공감대를 가지고 비슷한 감정을 느끼게 되는 상황도 있긴 하지만 중립적이거나 애매한 상황에서는 해석의 여지가 많다 보니 똑같은 상황을 보고도 각자 느끼는 게 다르다. 그래서 가끔 사람들은 "이거 내가 화내야 되는 상황 맞아?" "이럴 때는 원래 화나는 거 맞지?"라고 물어보기도 한다. 만약 상대가 "맞아, 당연히 화날 일이야"라고 하면 내 마음을 알아준 것 같아서 조금 낫고, "그 정도는 별로 화낼 일이 아닌 것 같아"라고 하면 내가 오해했거나 예민했나 보다고 생각한다. 그런데 반대로 상대가 화낼 상황이라고 하면 내가 화날 만한 일을 당했다는 사실에 더 화가 날 수도 있고, 별것 아니라고 하면 내가 화난 이유를 이해받지 못한다는 사실에 더 화가 날 수도 있다.

살면서 화나는 일이 하나도 없을 수는 없지만 어떻게 보면 화날 일이 무한대로 많아질 수도 있다. 상대도 상황도 내 마음대로 되는 경우보다 그렇지 않은 경우가 더 많기 때문이다. 그런데 기분이 나쁘고 화가 났는데 그 감정을 다 부정할 수도 없다. 내가 아프면 아픈 것이고 내가 기분이 나쁘면 나쁜 것이다. 그러니 기왕이면 화가 안 났으면 좋겠는데 왜 자꾸만 나는 걸까?

자극에 대한 예민함

첫 번째 이유는 말 그대로 예민해서다. 타고나길 예민한 경우다. 작은 변화나 차이도 섬세하게 인식하고 그에 대한 반응도 크다. 쉽게 말해 거슬리는 것도 많고 거슬리면 그냥 넘어가질 못한다. 자극에 예민하면 상대의 표정, 말투, 몸짓에서 수많은 정보들을 유출해낼 수 있다. 그래서 상대의 미묘한 짜증이나 거부감도 기가 막히게 파악해낼 수 있다. 남들이 열 개의 자극을 알아채는 동안 나는 백 개를 하는 것이다. 피곤할 수 있지만 어떻게 보면 재능이다.

타인의 감정 변화를 섬세하게 알아채고 적절하게 반응하는 능력은 다른 사람과 관계를 맺을 때 도움이 된다. 연예인들이나 판매직 종사자들은 상대의 반응을 잘 파악할수록 상대방의 마음을 움직일 방법을 더 잘 알 수 있기 때문에 둔감한 사람보다는 예민한 사람이 되는 편이 훨씬 이득이다. 수사관이나 프로파일러가 이러한 특성을 가지고 있다면 실로 엄청난 능력임에 틀림없다.

그런데 문제는 일상생활에서 내가 알아챈 상대의 감정 상태가 꼭 나에 대한 것이 아닐 수 있다는 점이다. 어떤 직원이 나와 얘기하는 동안 표정이 안 좋았다면 그건 나와의 대화 직전에 받은 전화 때문이었을 수 있고, 집에 걱정거리가 있거나 변비가 심해서였을 수도 있다. 그런데 이런 부분을 모두 나 때문이라고 생각해버리면 너무 피곤해진다.

또 다른 문제는 약간의 부정적인 해석이 가미되는 경우다. 특히 우울증에서는 상황을 긍정적으로 보기보다는 부정적으로 보는 경향이 강해지는데, 그러다 보니 사실은 긍정적, 부정적 색채가 없는 중립적인 자극인데도 부정적으로 받아들인다. 내 시선 속에서 모든 사람과 세상이 나에게 부정적인 신호만 계속 보내고 있고 나는 그걸 아주 섬세하게 받아들이고 있다고 상상해보자. 얼마나 힘들고 괴롭겠는가. 우울해지거나 싸움닭이 되거나 아니면 둘 다 되고 말 것이다.

만약 누가 정말 나를 기분 나쁘게 할 목적으로 어떤 행동을 하더라도, 그 목적을 알든 모르든 내가 그 의도에 휘말려 들어가지 않고 받아주지 않으면 '반사'가 되어버린다. 실제로 사람들이 어떤 행동을 했을 때 따지고 보면 그 안에는 한 가지 이유만 있는 것이 아니라 다양한 생각과 목적이 있다. 심지어 행동을 하는 사람조차도 의식하지 못하는 무의식적 의도도 있다. 그런데 그 수많은 의식적, 무의식적 의도 중 굳이 가장 부정적인 것, 가장 어두운 것을 족집게처럼 딱 골라낼 필요가 있을까? 부정적인 의도가 있다고 해도 그보다 더 큰 선한 마음이 있다면 나와 타인을 위해 좋은 면을 보는 게 낫지 않을까?

너무나 확고한 가치관과 기준

∨

아주 새하얀 옷을 입고 나서는 날에는 커피든 김칫국물이든 무언가를 꼭 흘린다. 더 의식해서일 수도 있고 작은 얼룩도 너무 티가 나서 그럴 수도 있다. 얼룩을 지우려고 해도 잘 지워지지 않고 얼룩 때문에 그 옷 자체를 못 입게 되기도 한다.

사람이 완벽하고 엄격해도 좋긴 하지만 너무 지나치면 한 점의 얼룩도 허용하지 못하게 되어버린다. 살면서 마음에 안 드는 상황이 한두 가지가 아닐 것이다. 거기에 통제 욕구가 강한 경우 내가 생각하는 원칙을 상대가 따르지 않거나 변수가 생기면 화가 난다. 너무 올곧은 마음을 가지고 있다 보니 타협도 잘 되지 않는다. 눈에 거슬리는 게 너무 많은데 꾹꾹 참다 어느 순간 폭발해버린다. 그동안 내가 얼마나 참아왔는지 아냐고 버럭 해도 상대는 아마 모를 것이다. 특히 상대가 나와 다른 성향이면 더욱 어리둥절할 수 있다. 서로 가치관이 너무 다르다 보니 계속 부딪치게 되는데 내 기준만을 고집하면 해결 방법이 없다.

옳고 그름, 세상의 원칙에 대한 기준과 가치관이 없는 사람보다는 있는 사람이 훨씬 낫다. 적어도 남에게 피해는 끼치지 않는 사람들이다. 나의 기준을 세우는 동안에는 그에 어긋나는 것을 보기가 힘들고 부딪치는 일이 많을 것이다. 그런데 기준이 확립되고 나면 그다음 단계는 융통성이다. 내가 감당할 수 있는 범위가 넓어지는 것이다. 공자는 《논어》에서 서른이 되면 이립而立(스스로 서다,

확고한 뜻을 가진다는 뜻), 마흔이 되면 불혹不惑(믿는 것에 의혹이 생기거나 흔들리지 않는다는 뜻), 쉰이 되면 지천명知天命(하늘의 이치를 안다는 뜻)이라고 했는데, 그다음인 예순이 이순耳順, 귀에 거슬림이 없다는 뜻이다. 즉 이미 나의 깨달음이 확고하기 때문에 다른 것도 편하게 받아들일 수 있는 단계가 되는 것이다.

이런 깨달음과 성숙의 단계는 나이를 먹어야만 가능한 것도 아니고 나이를 먹으면 저절로 이루어지는 것도 아니다. 연세가 드신 분들 중에도 오히려 점점 완고해지고 주변과 싸움이 많아지는 경우도 있다. 하지만 옆에서 예민하게 따지고 들어도 "그래, 너 잘났다" 하고 허허 웃어버리면 따지던 사람이 오히려 멋쩍어진다. 어떤 어른이 더 현명하고 성숙한지는 명확하다. 공자처럼 훌륭한 인물도 그 경지를 예순쯤이라고 했으니 아직 우리가 더 성숙해질 시간은 남아 있다.

권리를 침해당했다는 생각

∨

누구에게나 자신이 안전하다고 느끼고 지켜져야 하는 경계가 있다. 그 경계가 무너졌을 때 우리는 화가 난다. 내가 마땅히 가져야 하는 것을 빼앗기거나 불합리하게 손해를 보았을 때, 기본적인 존중을 받지 못할 때처럼 누구나 분노할 만하고 분노해야 하는 상황도 있다. 그때는 나의 소중한 것을 지키기 위해 분노하는 것이 맞다. 화를 내야 하는 상황에서 내지 못하고 불합리한 것을 계속 받아들이거나 회피할 경우 다른 엉뚱한 곳에서 분노가 폭발하거나 무기력해질 수 있다.

그런데 만약 내가 생각하는 권리의 경계가 너무 예민하다면, 약간만 손해를 보는 것 같아도 화가 난다. 기다리거나 부딪치거나 무언가를 남과 나누어야 할 때처럼 아주 유쾌하지는 않아도 함께 사는 사회에서 당연히 벌어질 수 있는 일도 내가 엄청난 피해를 본 것처럼 느낀다. 이런 사람들은 "나를 무시하는 거야?"라는 말을 달고 산다. 일상 속 대부분의 상황이 나에게 불합리하다고 느끼고 일부러 나에게 피해를 입힌다고 생각하다 보니 늘 화가 나서 싸울 준비가 되어 있다. 이걸 알고 있는 주변 사람들은 나를 피하기 바쁘고, 나는 점점 외로워진다.

과도한 스트레스

⌄

그 외에도 평상시 스트레스가 가득 쌓여 있는 경우 감정 조절이 어려울 수 있다. 그릇에 물이 찰랑찰랑 차 있으면 조금만 물을 부어도 흘러넘쳐버린다. 하지만 한참 빈 공간이 남아 있으면 웬만한 양의 물은 감당이 가능하다. 우리 감정 상태도 이와 비슷해서 기분이 좋고 마음이 편안할 때는 화도 잘 안 나고 웃으면서 넘어갈 수 있지만 걱정거리가 가득하거나 몸이 좋지 않거나 피로감이 쌓여 있으면 작은 일에도 예민하고 화가 날 수 있다. 타고나길 그릇이 큰 사람도 있지만 그렇더라도 우리의 그릇 속 스트레스 수위를 신경

써서 조절해야 한다. 늘 넘쳐흐르기 일보 직전인 상태가 되지 않기 위해서는 평상시에 컨디션 관리, 즐거운 활동 늘리기, 감정 조절 연습 등 스트레스를 미리 관리하는 것이 중요하다.

분노 자체가 나쁜 것은 아니다. 싸워야 하는 순간도 분명 있는 데 그걸 무조건 피하라는 말은 결코 아니다. 누군가가 맞서 싸우지 않았다면 지금 우리가 누리고 있는 자유와 권리는 존재하지도 않을 것이다. 중요한 것은 적절한 분노다. 분노해야 하는 대상에게 상황에 적합하게 분노해야 한다. 물론 쉽지만은 않다. 일단 화가 나면 이성적인 사고가 어렵기 때문이다. 분노는 굉장히 본능적이고 강렬한 감정이기도 하다. 일단 교감신경이 흥분되면서 심장 박동이 빨라지고 온 신경이 곤두선다. 이렇게 흥분된 상태에서는 적절한 분노를 하기가 어렵다. 흥분한 채 마구잡이로 분노를 폭발시킨다면 사랑하는 사람에게 큰 상처를 주거나 오히려 나에게 더 큰 피해가 돌아온다. 분노할 만한 상황에서는 일단 언짢음 정도만 표현하되 차분해진 상태에서 해결해야 한다.

흥분과 분노를 가라앉힌다는 이 어려운 과정을 가능케 하는 것은 반복 연습이다. 교감신경을 조절하는 가장 좋은 방법은 심호흡이다. 그리고 그 상황에서 잠시 벗어나 생각을 정리할 수 있는 시간과 공간이 필요하다. 흥분이 가라앉고 조금은 차분해진 상황에서 내가 무엇 때문에 화가 났는지, 화를 내는 것이 맞는지 참는 것이 맞는지, 화를 내야 한다면 누구에게 어떻게 화를 내는 것이 효과적일지 생각해보아야 한다. 눈을 감고 아무데나 총을 쏘면 아무리 많이 쏘아도 과녁에 하나도 명중하지 못한다. 분노의 과녁을 제대로 보고 맞혀야 상황을 바꿀 수 있고 만약 상대가 사랑하는 사람이라면 상처를 주지 않고 해결할 수 있다.

왜 계속 무기력할까

피곤하고 지친 하루, 아무것도 하기 싫고 입도 떼기 싫고 가만히 있어도 힘들다. 무거운 몸을 겨우 일으켜 억지로 하루를 보내고 나면 수고했다 할 새도 없이 다음 날 일상이 다시 반복된다. 무엇을 위해 이러는 건지 버티다 보면 뭐가 달라질지 알 수 없지만 딱히 다른 수가 없기 때문에 그저 견디고 있을 뿐이다.

혹시 지금 마음이 딱 이런 사람이 있을지 모르겠다. 무기력감. 단어만 들어도 힘이 쭉 빠지는 것 같은 이 상태는 자기도 모르게 시작되어, 가만히 내버려두면 점점 커지고 일상의 기쁨과 생기를 없애버린다. 무기력은 왜 생기는 걸까? 극복할 수 있는 방법은 없는 걸까?

J는 성실하고 모범적이다. 생각이 깊고 내향적이지만 좋아하는 것을 할 때는 신나고 사람들과도 잘 어울리는 평범한 성격이다. 그런데 대학 졸업을 앞두고 임용고시를 준비하면서 무기력증이 심해졌다. 이를 극복하기 위해 운동도 하고 기분전환을 해보라는 부모님의 권유로 좋아하는 가수의 콘서트를 다녀오거나 하면 잠깐은

나아지는 것도 같았지만 이내 무기력해졌다. 딱 1년만 참으면 된다고 마음을 다잡고 책상에 앉아도 집중이 되지 않았다. 지금이 가장 열심히 해야 하는 시기라는 것은 잘 알고 있었고 그동안 선생님이 되기 위해 애썼는데 왜 이렇게 무기력한지 알 수 없었다.

대기업 직원이었던 K는 사내결혼을 했다. 결혼 후 곧 아이가 생겼지만 출산휴가만 끝난 뒤 복직해서 일을 계속 해왔다. 하지만 아이를 보아주던 시부모님의 건강이 악화되었고, 아이를 다른 사람의 손에 맡기는 것이 못내 미안했던 K는 결국 퇴사를 하고 집에서 아이를 돌보기로 했다. 평상시 아이 교육에도 관심이 많던 K는 처음에는 아이를 돌보고 아기자기하게 내 살림을 꾸릴 생각에 기대가 되기도 했다. 하지만 아이는 늘 엄마에게서 떨어지지 않으려 했고 집을 꾸미기는커녕 세 끼 식사를 차리는 것만으로도 하루가 지나갔다. 집은 점점 엉망이 되었다. 설상가상으로 남편이 바빠 늦게 들어오는 날이 많아지면서 K는 점점 지쳐갔다. 아이의 칭얼거림에 자꾸 화를 내게 되었고, 그러고 나면 자책감이 들었다. K는 손가락 하나 꼼짝하기 싫고 그냥 아무도 자신을 찾지 않는 곳에서 하루 종일 누워서 휴대전화만 보았으면 좋겠다고 생각했다.

무기력의 원인은 다양하고 사람마다 또 상황마다 다르다. 하지만 크게 보면 일단 체력 문제가 있고, 자신과의 단절 문제, 세상과의 단절 문제가 있다. 이 세 가지 원인은 보통 함께 영향을 주지만 어떤 경우에는 나머지가 괜찮아도 한 가지 원인이 심해짐으로 인해 무기력함이 생기기도 한다.

체력 부족

∨

무기력은 단순히 무언가 하기 싫고 귀찮은 마음뿐 아니라 실제로 느껴지는 기운 없음과 피로를 동반한다. 그렇기 때문에 신체적 문제나 피로, 운동 부족 역시 간과해서는 안 되는 중요한 원인 중 하나다. 병원을 방문한 사람들에게 "에너지가 없어요"라는 말을 자주 듣는데, 그 에너지는 의지 같은 마음의 문제일 수도 있지만 말 그대로 '힘'이 없는 것일 수도 있다. 무기력하고 우울하다는 이유로 안 움직이면 이 에너지가 없는 상태는 점점 악화된다. 우리 몸의 힘은 뼈와 근육에서 나오기 때문에 근력이 부족하면 에너지가 부족하다고 느끼거나 조금만 무리해도 금방 피로해진다. 과도한 음주나 영양 불균형도 체력을 저하시키고 피로도에 영향을 준다. 제아무리 의욕이 넘치더라도 몸이 힘들면 아무것도 하기 싫고 눕고만 싶어지기 마련이다.

그런데 체력은 닳아 없어지는 것이 아니라 쓰면 쓸수록 좋아진다. 우스갯소리로 저축 중에서 제일 중요한 저축은 근육저축이라는 말도 있다. 건강한 식사와 적절한 운동을 통해 내가 일상을 마주할 수 있는 힘의 기본을 만들어두는 것이다. 잘 먹고 잘 자고 운동하는 것. 의사들이 항상 이야기하는 너무나 당연한 소리지만 무기력을 심리적인 문제만으로 생각하는 것은 반쪽짜리 정답이기에 체력적인 부분도 꼭 염두에 두어야 한다.

자기 자신과의 단절

∨

무기력은 굉장히 고립된 감정이다. 우리가 무기력해지는 이유는 나 자신, 즉 나라는 정체성과의 단절 때문이기도 하다. 자아정체성은 '나는 누구인가'에 대한 스스로의 판단이고 수많은 경험을 통해 형성된다. 나라는 사람, 내가 추구하는 것, 나의 행동에 대한 총합이며 비록 정답은 없지만 명확하게 확립되어 있는 경우도 있고 성인이 된 이후에도 혼란을 겪기도 한다. 나의 정체성에 대해 말로 표현하기는 어렵더라도 막연하게나마 나라는 사람이 누구인지, 내가 원하는 것이 무엇인지를 알고 있다면 괜찮다.

그런데 만약 지금 내가 매일 하고 있는 일들, 가고 있는 방향과 속도, 향하는 목표가 진정한 나 자신이 원하는 바와 다르다면 우리의 일상은 진짜 나의 모습과 매일매일 어긋나고 있는 것이다. 처음에는 딱 꼬집어 말하기 어렵더라도 어딘가 불편한 느낌, 피로한 느낌을 받을 수 있다. 하지만 이러한 어긋남이 반복되어 나의 정체성과 완전한 단절이 되어버린다면 우리는 그 사이에 무기력하게 남게 된다.

무기력을 호소하는 많은 사람들을 보면 오랜 시간 곪아온 것이 터졌다는 생각도 든다. 그동안 우리가 정말 열심히, 바쁘게 살았다는 사실은 아무도 부정할 수 없을 것이다. 그 덕분에 많은 발전을 이루기도 했다. 모두가 열심히 사는 세상에서 정체성과 무기력을 이야기한다면 어떤 사람은 "네가 어떤 사람인지가 뭐 그렇게 중요해? 다 배부른 소리야. 하고 싶은 것만 하고 사는 사람은 없어. 다들 참고 견디는 거라고"라고 말할지도 모른다.

하지만 우리는 로봇이 아니다. 쉼이 필요하다. 놀 줄은 알아도 쉴 줄은 모르는 삶은 결국 우리를 지치게 할 수밖에 없다. 쉰다는 것은 단순한 체력 회복을 넘어, 내 마음을 회복하고 세상의 기준에만 맞추던 나 자신을 다시 마음과 연결하는 시간이다. 너무 바쁘고 힘들면 내 마음을 들여다볼 여유가 없다. 사람은 누구나 내가 진정 원하는 것은 무엇인지, 지금 내가 하고 있는 것의 목표나 방식이 나라는 사람과 맞닿아 있는지 살펴볼 시간이 필요하다. 대단한 사람이거나 배가 불러서가 아니라 산다는 것 자체가 자신만의 의미를 찾아가는 과정이기 때문이다. 아무리 힘든 과정을 겪고 있더라도 그게 나 자신에게 의미가 있다면 우리는 불꽃 같은 열정을 다해 해낸다. 하지만 무의미하게 느껴진다면, 아무리 대단한 일도 그저 귀찮고 하기 싫은 일이 되어버린다.

세상과의 단절

⌄

자기 자신과의 단절을 극복하기 위해 '쉼'에 대해 이야기했다. 그러면 쉬기만 하면 다 해결되는 걸까?

쉬지도 못하고 열심히 일하다가 퇴직 후 이제는 원 없이 마음껏 쉬겠다는 다짐이 몇 개월, 아니 며칠도 되지 않아 점점 무료함이 되고 나아가 무기력함이 되는 경우를 종종 본다. 아무것도 하지 않고 매일 누워 쉬거나 휴대전화만 바라보며 나 자신에 대한 생각을 끝없이 한다고 해도 무기력을 극복하기는커녕 점점 더 심해진다. 앞서 말한 자기 자신과의 단절이 의미를 잃어버리게 만든다면, 세상과의 단절은 사는 보람을 잃어버리게 만든다. 무언가를 열심히 하더라도 이렇게 해서 뭐 하나 싶다. 사방이 벽으로 막혀 소리쳐도 아무 반응이 없는 기분이다.

세상과 우리는 연결되어 양방향으로 소통한다. 한쪽 방향은 내가 세상을 향해 영향력을 행사하는 것이다. 즉 내가 하는 행동이 세상과 타인들에게 어떤 영향을 주는지다. 영향력이 클수록 내가 느끼는 보람도 커지겠지만 작다고 해서 보람이 없는 것도 아니다. 직접적이지 않더라도 내가 세상에 존재하고 있고 이 사회의 어떤 변화나 유지에 이바지하고 있다고 믿는 것도 해당된다.

다른 방향은 내가 세상으로부터 받는 인정과 피드백이다. 무언가를 해낸 뒤 느끼는 성공의 경험도 여기에 해당된다. 성취를 한 뒤 느끼는 뿌듯함과 내가 해낼 수 있다는 믿음인 자기효능감은 앞서 말한 정체성에도 긍정적인 영향을 줄 수 있다. 반대로 세상으로부터의 부정적인 피드백과 무시가 반복되고, 노력해도 그것에 저항하기 힘든 상황에서는 쉽게 무기력에 빠질 수 있다. 만약 세상과의 연결이 희미해지고 충분치 않거나 심지어 혹독하다고 느낀다면 내가 하고 있는 일들이 쓸모없는 것처럼 느껴져 공허하거나 내가 받는 대우에 대해 억울하고 분노하게 된다. 이런 감정은 애쓸수록 더 커진다. 처음에는 세상을 향해 저항하고 노력하겠지만 그럼에도 변화가 없으면 점점 무기력해진다. 내가 세상에 있으나 마나 한 존재인 것 같고, 최선을 다해도 인정받기는커녕 부당한 대우를 받고, 열심히 달리고 있는데 옆에서 슈퍼카를 타고 지나가는 사람을 볼 때 우리가 느끼는 감정이다.

아무리 애써도 응답하지 않는 세상. 이 감정을 근 2년간 우리 모두 함께 느꼈다. 2020년 2월 코로나 바이러스가 갑작스레 우리의 일상을 변화시키면서 처음에 사람들은 과거의 당연했던 날들에 감사함을 느끼고 가족과 함께 하는 시간을 늘리자며 긍정적이기 위해 노력했다. 그러나 그 노력이 무색하게 팬데믹이 2년 넘게 지속되면서 무기력을 경험하는 사람들이 굉장히 많아졌다. 답답한 마스크를 쓰고, 마트나 음식점도 가지 않으면서 생활수칙을 지키고, 자영업자들이 손실을 보고, 백신 정보에 불안해하고, 코를 쑤셔대는 검사를 받고… 수많은 노력을 했음에도 불구하고 어떤 보람도 없이 악화되기만 하는 상황 자체가 무력감을 가져온 것 같다. 일종의 학습된 무기력이다. 학습된 무기력은 극복할 수 없는 부정적 상황이 반복되고 어떤 노력이나 시도를 하더라도 결과가 바뀌지 않을 때 무기력해지는 것을 말한다. 그래서 나는 현재 우리 사회에 무기력 경보가 내려져 있다고 생각한다. 모두가 강제로 겪어야 했던 이 무기력감은 각자의 일상에 저마다의 크기로 스며들어 자신도 모르는 사이에 여러 방식으로 표현되고 있을지도 모른다.

무기력에서 빠져나오기 위해

∨

무기력이 하루아침에 오는 경우는 드물다. 보통은 자그마한 눈송이 하나하나가 밤새 쌓이고 쌓여 지붕을 무너뜨리는 것처럼 그렇게 찾아오고 만다. 그렇기 때문에 가능한 한 빨리 알아차려서 눈이 너무 많이 쌓이기 전에 틈틈이 털어주어야 한다.

내가 무기력해진 이유는 무엇일까? 건강의 이상이나 운동 부족으로 인해서일까? 아니면 지금의 내가 진정 원하던 삶이 아니어서 의미를 잃은 걸까? 혹은 좌절이 반복되어 보람을 느끼지 못하고 충분한 인정을 받지 못한다고 느끼고 있는 걸까?

한두 가지 이유가 아닌 것 같아 막막하게 느껴질 수도 있다. 만약 그렇다면 일단 첫 번째 이유인 체력부터 확인해보기를 추천한다. 앞서 말했듯 일단 에너지를 만들어야 하기 때문이다. 체력을 높이기 위해 건강하고 규칙적인 하루를 보내고, 귀찮고 힘들더라도 몸을 일으키는 것부터 시작해보자. 젖은 빨래를 말린다고 생각하고 일단 일어나서 걷고 움직이고 햇빛을 보고 누군가 만나 이야기를 나누는 것이 우선이다. 뭐라도 하면서 신체의 에너지가 생기면 마음에도 에너지가 생긴다. 그렇게 생긴 에너지는 자신감을 불러온다. 자신감은 내가 무언가를 할 수 있다는 믿음이고 자존감의 한 요소이기도 하다. 자존감은 무기력을 이기는 강력한 무기다.

나 자신과의 연결, 내 삶의 의미를 찾는 과정은 내가 내 인생을 이끌어나간다는 느낌이다. 누구나 태어나서 지지고 볶으며 살다 죽는, 우주로 본다면 먼지 같고 남이 본다면 별로 대단할 것 없는 삶을 살지만 그 별것 아닌 삶이 나에게 있어서만큼은 단 하나의 생이고 무엇보다 소중하다. 그래서 나만의 의미를 발견하는 것이 가장 중요하다. 나라는 사람은 누구인지, 내가 원하는 것과 원하는 방식은 무엇인지 알기 위해 타인의 목소리가 아닌 내 목소리에 귀를 기울여보자. 그리고 어떤 메시지가 들리든 인정하고 받아들여보자. 나에 의한 삶을 사는 것은 그것이 익숙하지 않은 사람에게는 꽤나 어려운 일이지만, 어렵더라도 평생에 걸쳐 노력해야 하는 숙제다. 타인에 의한 삶을 산다면 타인에게는 쉽게 인정을 받을지 몰라도 나에게는 진정한 의미가 없다. 처음에는 잘나가는 것 같다가도 어느 순간 반드시 브레이크가 걸린다.

세상과의 연결은 일종의 결속감이다. 내가 세상에 존재하고 함께 한다는 믿음이 없으면 외톨이가 된다. 세상과의 연결을 느끼는 게 쉽지 않다면 일부러 사회적 참여를 해보는 것도 도움이 된다. 어떤 단체에 소속되어보거나 동호회, 봉사활동을 하는 것도 좋다. 내가 하고 있는 일이 있다면 그 일이 사회에 미치는 영향을 상기해볼 수도 있다. 예를 들어 내가 만드는 제품을 쓰고 있는 사람을 만나보거나, 일을 하면서 어떤 긍정적인 행동을 시도한 뒤 그 행동이 타인에게 미치는 영향을 관찰해본다. 늘 하고는 있지만 평상시 간과했던 것이 있는지 다시 생각해보자. 무기력에 빠졌던 한 점원이 의식적으로 사람들에게 친절한 말을 한마디씩 덧붙이고 사람들이 그에 반응하면서 무기력에서 빠져나오게 되고, 그 경험을 바탕으로 더 나아가 새로운 일을 시작하게 된 사례도 있다. 세상과 연결되고 사회적인 인정을 받기 위해 꼭 대단한 일을 해야만 하는 것은 아니다. 도달할 수 없는 목표가 아닌, 지금 내가 할 수 있는 것을 한다면 거기서부터 선순환이 시작될 수 있다. 중요한 건 한 걸음의 변화다.

무기력을 극복하기 위해서는 노력과 시간이 필요하다. 그런데 만약 아주 작은 노력도 할 수 없고 그런 노력마저도 무의미하다고 느껴진다면, 그건 단순한 무기력이 아닌 우울증일 수도 있다. 무기력은 우울증의 중요한 증상 중 하나이고 특히 감정을 표현하기 어려워하는 사람들은 우울감이 아닌 무기력감으로 병원을 찾아오는 경우가 많다. 의식적, 무의식적으로 우울감을 억압하는 경우에 신체적인 피로나 지치는 느낌, 이게 다 무슨 소용인가 하는 허무주의적·비관주의적 태도로 나타나게 된다. 따라서 무기력감이 너무 오래 지속되거나 일상을 유지하기 어려운 정도로 심하다면 이 경우에는 노력과 생활의 변화로 극복할 수 있는 상태가 아니라 치료가 필요한 질환이기 때문에 절대로 고군분투하지 말고 적절한 치료적 도움을 받아야 한다.

Part 3

너로 인해 힘든 사람들

01

나와 너의 관계

사람에게는 세 개의 시선이 있다. 자신, 타인 그리고 세상을 바라보는 시선이다. 이 시선이 어떤 색채를 띠고 있느냐에 따라 같은 상황도 아주 다르게 보인다. 천국에 있어도 마음이 지옥일 수 있고, 지옥에 있어도 마음이 천국일 수 있다는 의미다. 우울하거나 힘들 때는 이 세 개의 시선도 부정적이 되기 쉽고 거꾸로 부정적인 시선들이 모여 우울감을 유발하기도 한다.

만약 누군가가 내게 정신과 치료의 목표가 무엇이냐고 묻는다면, "나 자체로도 편안하고 즐겁고, 누군가와 함께여도 편안하고 즐거운 상태"라고 할 수 있을 것 같다. 나라는 존재의 가치에 대한 믿음이 있고 타인에 대한 신뢰가 있는 상태. 어쩌면 이건 정신과 치료의 목표가 아니라 우리 삶의 궁극적인 목표인지도 모른다.

'내가' 편하지 않으면 결국 한순간도 편할 때가 없다. 뿌리가 얕은 나무는 쉽게 흔들리듯, 나 자신에 대한 안정감이 없으면 쉽게 불안해진다. 스스로 만족감을 느끼기 어렵기 때문에 외부에서 만족감을 얻으려 하고 타인을 과도하게 이상화하거나 관계에 집착하기도 한다. 나를 소중하게 여기기보다 남을 더 중요하게 생각하고 스스로를 존중하지 못해 자존감이 낮다 보니 우울감이 생길 가능성도 높다. 혼자서는 불안하고 견뎌내기 힘들기 때문에 다른 사람과 지나치게 가까워지길 원하고 의지하지 못하거나 사랑받지 못할까 봐 두려워한다. 힘든 일이 생기게 되면 그럴 때일수록 자신에게로 관심을 돌리고 내실을 다져야 하는데, 바깥에서 나를 채울 것을 찾으니 늘 공허하다. 내가 우선이 아니라 다른 사람이 우선이 되고 나라는 존재의 의미를 타인을 통해서 확인하려 한다. 그러다 보니 섣부르게 관계를 시작해서 나쁜 사람에게 이용당하거나 적절한 거리를 유지하지 못하고 실망하거나 상처받는 경우가 많다.

'네가' 편하지 않으면 관계를 피하게 된다. 혼자서만 지내려 하고 누군가와 가까워지는 것을 원치 않고 마음속으로 관계를 두려워한다. 자신을 사람들에게 드러내지도 않고 남에게 관심도 적다. 다른 사람에게 의지하는 것도 불가능하고 누가 나에게 의지하는 것도 싫다. 사랑을 주는 법도 모르고 받을 줄도 몰라 외롭다. 다른 사람에 대한 믿음이 없고 상처받기 쉬운 마음을 가지고 있기 때문에 나를 방어하기 위해 겹겹이 마음의 벽을 쌓아 배타적이다. 그냥 겉으로는 독립적으로 보일 수도 있지만 친밀감을 느끼지 못하는 고립되고 외로운 삶이다. 단순히 내성적이라거나 혼자 있을 때 더 즐거운 것과는 다르며, 타인과 세상에 대한 믿음이 없는 상태다.

이런 내용을 설명하는 것이 그 유명한 애착 이론이다. 영국의 정신과 의사이자 심리학자, 정신분석학자인 존 볼비John Bowlby에 의해 창시된 애착 이론에 따르면, 아동은 주 양육자와의 관계에서 형성되는 양육 환경에 따라 독특한 애착의 특성을 가지게 되고 이러한 특성이 아동의 심리적·사회적 발달에 영향을 준다. 애착의 형태는 생애 초기부터 만들어지고 첫돌 정도 되었을 때 이미 어느 정도 특성들을 관찰할 수 있다고 한다.

이런 아동의 애착 형태는 크면서 사라지는 것이 아니라 성인까지도 이어져서 대인관계에 영향을 미친다. 메리 메인Mary Main은 볼비의 연구를 확장해 관계에서 나타나는 성인의 애착 상태를 네 가지 유형으로 분류했다. 자기긍정·타인긍정인 안정형, 자기긍정·타인부정인 회피형, 자기부정·타인긍정인 불안형, 자기부정·타인부정인 공포회피형이다. 이 네 개의 관계 유형을 설명하자면 다음과 같다.

안정형 | 앞서 이상적이라고 이야기했던, 혼자이면 혼자여서 좋고 함께하면 함께여서 좋은 상태다. 나와 타인에 대한 믿음이 있기 때문에 전반적으로 편안한 상태이고 쉽게 불안해지거나 예민해지지 않는다. 상황이나 때에 따라 혼자 하는 것과 누군가와 함께하는

것을 적절히 조절할 수 있다. 혼자인 상황에서는 나에게 집중하고 함께일 때는 관계에 집중한다. 어쩌다 주변에 사람이 없고 혼자가 되더라도 불안하지 않고, 설령 믿었던 사람과의 관계가 깨지더라도 그 사람과의 관계로 국한될 뿐 사람 자체에 대한 믿음이 사라지지는 않는다.

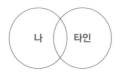

이 유형은 나의 경계와 타인의 경계가 어느 정도 명확하고 자신만의 고유한 영역과 상대의 고유한 부분 그리고 서로 공유하는 영역이 존재한다. 가까운 사이일수록 공유하는 부분이 많아진다. 하지만 나와 타인 사이의 거리는 고정되어 있지 않으며 사람에 따라, 상황에 따라 나의 의지로 적절하게 조절할 수 있다.

회피형| 타인에 대한 믿음이 없어서 혼자서는 괜찮지만 함께는 편치 않은 경우다. 의식적으로든 무의식적으로든 타인에 대한 불신의 기억이 많아 어쩔 수 없이 혼자를 선택한 것이다 보니, 누군가와 함께인 것보다는 혼자가 낫지만 혼자일 때도 완전히 나에게 편안하거나 즐거운 기분을 가지기는 어렵다. 스스로에게 만족감을 느끼거나 자존감이 높은 상태도 아니다. 그저 내가 더 이상 상처받지 않을 수 있도록 나를 보호하는 두껍고 높은 벽을 쌓아두

고 그 안에서 웅크리고 지낸다.

　이 유형은 나를 둘러싼 경계의 벽이 너무나 두껍다. 타인과 공
유하는 부분이 없고 거리가 멀다. 타인과 가까워지고 싶지 않거나
가까워지기 두렵다. 관계를 맺고 함께하는 즐거움을 모른다.

　불안형 | 나에 대한 믿음이 없어서 혼자서는 편치 않지만 다른
누군가와 함께이면 안심하는 경우다. 이 경우도 혼자보다는 낫기
에 생존을 위해 선택한 것이지 타인과 함께일 때 아주 편안하지는
않다. 언젠가 버림받지 않을까, 사이가 멀어지면 어떡하나 하는 두
려움은 늘 가지고 있다. 그러다 보니 불안하다. 그런데 타인과의
관계를 맺을 때 안정적인 관계의 기본 조건이 각자의 자립과 적절
한 거리감인데, 그게 안 되다 보니 결국은 관계가 실패로 끝나는
경우가 많다. 그리고 이렇게 이별을 경험하고 나면 불안형인 사람
은 너무 힘들기 때문에 더욱 관계에 집착하게 된다.

이 유형은 나라는 존재에 대한 경계가 불분명하다. 자아가 약한 상태다. 홀로서기를 불안해해 타인과의 관계에 집착하고 타인에게 속해 있어야 비로소 안정감을 느낀다. 하지만 타인이 영원히 함께하며 만족감을 채워줄 수는 없다.

공포회피형 | 나에 대한 믿음도 없고 타인에 대한 믿음도 없어서 혼자서도 편치 않고 함께여도 편치 않은 경우다. 자신에게도 부정적이고 타인에게도 부정적이다. 혼자 있으면 불안하고 힘들지만 그렇다고 타인과 관계를 맺자니 다른 사람을 믿을 수 없고 편치 않다. 결국 어느 순간도 마음이 쉴 수 없고 이러지도 저러지도 못하게 되어 스스로도, 누군가와 함께하기에도 혼란스러운 상태다.

나의 경계도 타인에 대한 경계도 명확하지 않다. 적절한 거리 조절을 하지 못해서 가까워지면 불안해서 갑자기 멀어지거나, 멀어지면 불안해져서 갑자기 가까워지는 등 불안정하고 스스로도 예측할 수 없는 관계를 맺는다.

* * *

모든 것에는 경계가 존재한다. 국가 간에 국경이 존재하고 물체에도 공기와의 경계인 표면이 있고 사람의 신체에도 피부라는 경계가 있다. 피부가 너무 약하거나 어떤 상처가 나서 벗겨지면 작은 자극에도 예민해져 통증이 생기고 심한 경우 감염이 생길 수도 있다. 반대로 피부가 너무 두껍거나 딱지에 덮여 있으면 아무리 좋은 화장품을 써도 흡수가 안 되고 땀과 열기 등의 배출도 어렵다. 심한 경우 아무 감각도 느낄 수 없고 구축(오그라듦)이 생긴다. 피부처럼 나와 타인에 대해서도 너무 두껍지도 얇지도 않은 적당한 경계가 필요하다.

적절한 경계는 나를 보호하기도 하고 상대를 보호하기도 한다. 또 사람 사이에서만 느낄 수 있는 여러 가지 감정들(친밀감, 소속감, 사랑받고 인정받는 느낌 등)을 느낄 수 있게 해준다. 인격장애(개인의 성격적 특성이 뚜렷하게 주변 환경과 비적응적이고 여러 문제를 유발함에도 변화하기 어려운 상태)를 앓고 있거나 대인관계에서의 문제를 호소하는 사람들 대부분이 이 경계를 설정하고 유지하는 데 어려움을 겪는다.

당신은 앞의 네 가지 관계 유형 중 어디에 속하는 것 같은가? 천 길 물속보다 알기 어렵다는 사람의 마음을 단 네 가지 유형으로 분류하기가 쉽지는 않다. 자신 있게 "나는 안정형!"이라고 할 수 있다면 좋겠지만 대부분의 사람들은 어떤 때는 회피형 같고 어떤 때는 불안형 같다고 느낀다. 어찌 보면 당연한 일이다. 왜냐하면 혼자일 때의 외로움, 함께할 때의 두려움은 누구나 어느 정도는 다가지고 있는 모습이기 때문이다. 그래서 대인관계 특성은 성격과 마찬가지로 명확하게 칼로 자르듯 나누기 어렵다.

회피형, 불안형, 공포회피형을 통칭하는 불안정한 애착은 그 자체로 병이라고 하기는 어렵지만, 어떤 이유에서든 대인관계의 부적응적인 특성이 너무 강해져 있다면 그것이 현재 나의 삶과 다른 사람과의 관계에 더 이상 나쁜 영향을 주지 않도록 고쳐야 한다. 왜냐하면 애착 유형은 대인관계를 맺는 기본 바탕이 되고, 가까운 관계일수록 영향을 크게 미치기 때문이다. 신체적이든 심리적이든 나에게 어떤 어려움이 있을 때 이를 인정하고 받아들이는 것은 속상할 수도 있지만 한편으로는 용기 있는 일이기도 하다. 나의 마음, 내가 맺고 있는 대인관계의 모습을 아는 것과 모르는 것은 큰 차이가 있고, 알아야 변화의 여지도 생긴다.

애착 유형은 보통 어린 시절부터 형성되기 때문에 나의 유형을 안다고 해도 그걸 새로운 모습으로 고치는 건 또 다른 험난한 도전이다. 수십 년간 쌓여온 것인데 단시간 내에 바뀌겠는가. 하지만 사람은 변할 수 있는 존재다. 이대로는 안 된다, 이제는 달라지고 싶다는 의지와 노력을 꾸준히 하고 지치지만 않는다면 자신뿐 아니라 나를 둘러싼 관계들에서 믿을 수 없을 만큼 큰 변화를 만들어낼 것이다.

02

나를 힘들게 하는 너

유독 누군가에게 화가 나요

우리의 감정은 시시때때로 변한다. 호수처럼 잔잔하다가도 풍랑처럼 흔들린다. 우리는 살면서 여러 가지 상황과 사람 들을 자각하고 이는 감정에 즉각적인 영향을 준다. 그런데 특히 사람에 의해 생겨나는 감정은 공평하지 않고 비이성적일 때가 많다. 자세히 보면 비슷하게 행동하는데도 그리 밉지 않은 사람이 있는 반면 유난히 화가 나고 보기 싫은 사람도 있다. 괴팍한 직장 상사나 진상 손님처럼 누구에게나 화를 유발시키는 경우를 이야기하는 것이 아니다. 딱 꼬집어 이유를 찾기 어려운데 유난히 나와 잘 맞지 않는 사람들에 대한 이야기다. 그런 사람들을 만날 때 우리는 꽤 예민해진다.

　사실 잘 안 맞는다 하더라도 그냥 스쳐가는 인연은 순간의 기분을 상하게 할지언정 내 인생에 큰 영향을 미치지는 않는다. 일과 관련한 사이나 그럭저럭 가까운 사이라면 요즘 세상에서는 안 보고 살면 그만이다. 회사나 학교를 그만두는 일이 쉽지는 않지만 그래도 내가 괴로워 죽는 것보다야 그쪽이 훨씬 낫지 않은가. 유독 안 맞고 화가 나는데 이런 감정이 드는 것 자체가 다시 힘들어지는 사람은 보통 가까운 사이나 마음을 준 사이다. 다른 말로 애증이라고 표현할 수도 있을 것이다. 왜 가까운 사이일수록 더 힘들까? 잘만 하면 힘이 될 수도 있는 사이인데 왜 자꾸만 갈등이 생길까?

너무 다른 성향

∨

한마디로 궁합이 안 맞아도 너무 안 맞는다. 요즘 유행하고 있는 MBTI, 즉 마이어스-브릭스 성격유형지표Myers–Briggs Type Indicator(사람의 심리를 네 가지 분류 기준에 따라 열여섯 가지 유형으로 분류하는 검사)에서 서로 상극인 유형을 생각해보면 된다. 사람이 다 똑같을 수 없지만 유독 개성이 강한 유형도 있다. 그런 유형은 자신과 다른 사람을 더 참기 어려워한다.

　끈기와 노력으로 어려움을 극복하고 근면 성실하게 자수성가한 부모가 보기에 헝그리 정신은 없고 자유로운 영혼의 자녀, 자신이 좋아하는 것을 알고 다양한 삶의 즐거움을 찾는 자녀가 보기에 의무감만 가득하고 시대에 뒤떨어진 부모. 문제가 생기면 회피하지 않고 해결을 보려는 사람이 보기에 입을 꾹 다물고 무슨 생각하는지 알 수 없는 사람, 감정이 격앙될 때 잠시 시간을 두고 가라앉히려는 사람이 보기에 스스로 감정을 통제할 줄 모르는 것 같은 사람. 이렇게 보면 이 사람이 맞고 저렇게 보면 저 사람이 맞아서 답이 없다. 결국 나와 전혀 다른 사람을 바꾸기 위한 끝없는 힘겨루기다. 그런데 중요한 것은 갈등의 뿌리에 애정이 있다는 점이다. "너를 사랑하니까 이러지" "다 너를 걱정해서 그러는 거야" 등의 말은 잔소리하는 사람의 행동을 스스로 정당화하고, 듣는 사람으로 하여금 죄책감을 가지게 한다.

보통은 상대를 나와 비슷하게 맞추고 통제하려는 욕구가 원인이 될 때가 많다. 상대방을 사랑하지만 안타까운 마음이 들 때 그 사람을 뜯어고치고 싶어진다. 하지만 그게 효과적인 경우보다는 관계의 독이 되는 경우가 더 흔하다. 내가 원하는 모습으로 상대를 바꾸고 싶은 마음은 노력해서라도 가라앉혀야 한다. 남은 나와 다르다. 내가 그러하듯 태어날 때부터 타고난 것과 살아온 경험을 통해 형성된 것이 합쳐진 나름의 결과물이다. 따지고 들자면 모자란 구석, 틀린 구석이 많겠지만 그걸 내가 다 바꿔줄 수는 없다. 그리고 모자라고 틀린 건 나도 마찬가지다. 내 삶의 방식만이 정답이라고 확신할 수는 없다. 내 못난 구석을 존중받아야 하듯 상대 역시 그렇다. 서로를 있는 그대로 보고 존중해주면 갈등은 줄어든다. 억지로 바꾸려고 할 때보다 오히려 더 긍정적인 방향으로 변하는 경우도 많다. 무엇보다 내가 애쓴다 한들 달라지는 건 별로 없다. 사람을 바꿀 수 있는 건 그 사람 자신뿐이다.

너무 비슷한 성향

∨

어릴 때부터 자신의 내성적이고 소심한 모습이 싫었던 엄마라면, 딸에게서 비슷한 모습을 볼 때 더 화가 날 수 있다. 한 엄마는 딸이 학교에서 친구와 다투었다고 투덜거리면 가슴이 덜컥 내려앉는다고 했다. 정작 딸은 별로 신경 쓰지 않는데 친구 사이에서 따돌림당하는 것은 아닌지, 부당한 대우를 받는 것은 아닌지 꼬치꼬치 캐물었다. 그 엄마는 학창 시절에 친구들에게 따돌림을 당한 경험이 있었다. 딸의 현재 경험에 자신의 과거가 겹쳐지면서 불안감이 증폭된 것이다. 극단적인 예이지만 성장기에 성추행을 당한 경험이 있는데 이를 회복하지 못한 채 상처를 안고 살아온 엄마가 딸이 성추행을 당했을 때 정작 딸을 감싸주지 못하고 다그치거나 자신의 해결되지 않은 트라우마를 다시 겪으며 극심한 분노와 우울감에 빠지는 경우도 있다.

단순히 생각해보면 자신도 비슷한 고민을 했고 아픔을 겪었으니 더 잘 이해할 수 있지 않을까 싶지만 그건 잘 회복된 경우다. 아픔을 잘 회복한 사람은 자신과 비슷한 아픔을 겪은 사람의 마음을 더욱 잘 공감해줄 수 있고 자신의 경험을 바탕으로 효과적인 조언을 해줄 수도 있다. 하지만 회복되지 않은 마음은 치료받지 못해

곪은 상처와 같다. 자신과도 같은, 아니 자신보다 더 소중한 존재가 비슷한 아픔을 겪게 되었을 때 상대의 고통을 고스란히 느낄 뿐더러 자신의 오래된 상처도 헤집어진다. 마치 과거로 돌아간 것처럼 패닉 상태에 빠지고 마는 것이다.

다른 사람의 어떤 부분이 유독 거슬린다면 그 사람만의 문제가 아니라 그가 가지고 있는 어떤 특성이 나에게도 존재하는데 그게 나의 싫어하는 모습이거나 받아들이기 힘든 부분이기 때문일 수도 있다. 결국 해결하기 위해서는 타인을 바꿀 것이 아니라 내가 나를 이해하고 사랑할 수 있게 되어야 한다. 나의 모든 모습들, 못난 현재와 해결되지 않은 과거의 상처까지도 이해할 수 있게 되면 타인에 대해서도 더 관대한 마음을 가질 수 있다.

과거 사건이나 사람의 재현

∨

나와 별 관련 없는 사람이 과거의 어떤 사건이나 사람을 떠올리게 만들어서 거부감을 느끼는 경우도 있다. 유난히 중년 남성들이 불편하게 느껴진다면 아버지와의 관계에서 해결하지 못한 감정들이 남아 있어서일 수 있고, 혹은 과거에 중년 남성과 관련한 안 좋은 기억이 있어서일 수도 있다. 좋아하는 사람을 닮은 사람에게 괜한 호감을 가지게 되는 것과 반대의 이치다. 심리치료에서 자신이 과거의 중요한 대상에게서 받은 느낌을 치료자에게 가지게 되는 '전이'와 비슷한 부분도 있다. 과거가 현재의 관계에서 재현되는 것이고 치료적으로는 현재의 강렬한 감정을 통해 잊고 지냈던 과거의 기억을 돌아볼 수 있다.

현재는 과거의 산물이라고들 한다. 과거의 경험이 현재에 영향을 미치는 것은 누구에게나 당연하다. 하지만 과거의 기억이 너무 강해서 현재의 관계에 과도하게 악영향을 미치는 경우라면 이야기가 달라진다. 놓쳐서는 안 되는 현재의 중요한 관계와 일상이 과거의 희생양이 되어서는 안 된다. 이 경우에는 지금의 갈등을 해소하기 위해 원인이 되는 경험과 감정을 먼저 이해해야 한다. 무거운 짐을 지고 사막을 걷는 낙타처럼 무거운 기억들을 지고 살아가기에는 삶이 너무 아깝다. 그리고 무엇보다 당신이 너무 힘들다.

앞의 세 가지 경우에서 공통적인 것은, 누군가의 어떤 행동이 나에게 일반적인 수준보다 더 큰 영향력을 준다면 그것은 상대가 아닌 내 문제일 가능성이 높다는 점이다. 나의 해결되지 않은 감정이나, 해결되지 않은 대상이 거기에 투영되는 것이다. 심한 경우 이러한 과거의 감정 때문에 정작 현재 중요한 것을 망쳐버릴 수도 있고, 상대방이 이해할 수 없을 정도로 과하거나 일반적이지 않은 반응을 해서 이상한 사람 취급을 받을 수도 있다.

상대가 아닌 나를 먼저 들여다보아야 한다. 내가 했던 실수와 다른 사람들이 저지른 잘못을 찾고 책임을 물리자는 것이 아니라 지금 나를 힘들게 하는 진짜 원인을 이해하자는 것이다. 답은 나에게 있다. 과거에 중요한 대상과 맺었던 관계와 경험의 복합물은 나에게 생각보다 큰 영향을 미친다. 나라는 사람은 어떤 사람인가,

타인은 어떤 존재인가, 세상은 어떤 곳인가와 같이 보고 느끼는 틀을 만드는 일이기 때문에 결국은 인생 자체를 결정한다고 해도 과언이 아니다.

에메랄드색 안경을 쓰고 세상을 보면 세상은 온통 에메랄드색이다. 나의 의지와 상관없이 씌워진 에메랄드색 안경이 버겁고 힘들다면, 그것을 벗어야 한다. 안경을 쓴 것은 내 의지가 아니었더라도 벗어던지는 것은 오직 나만이 할 수 있다. 이 책을 포함한 수많은 심리학 책, 자기계발서의 역할은 그동안 곪은 상처를 나름대로 치료하기 위해 덧대어놓은 반창고들을 떼어내고 상처를 마주하기 위한 용기를 주는 것, 거기까지다. 변화에는 노력과 고통이 따르고 아무것도 하지 않으면 나아질 수 없다. 움직이고 변화해야 한다. 상처에 때로는 따가운 약을 바르고 때로는 칼을 대어 치료해야 한다. 부딪치며 고통을 느끼는 과정은 반드시 스스로 겪고 지나갈 수밖에 없다.

혐오

타인을 향한 분노의 끝에는 혐오라는 단어가 있지 않을까 생각한다. 혐오는 상대가 싫고 미운 감정인데 증오와는 다르다. 증오는 정말 개인의 감정이 들어가 있는 경우가 많다. 나의 원수라든지 내 가족의 원수라든지 하는 경우 말이다. 혐오의 감정도 타인을 향하긴 하지만 사실 상대방에게 그 분노만큼의 책임은 없다. 그래서 혐오는 내 문제다.

놀랍게도 사람이 태어나면서부터 가지고 태어나는 여섯 가지 감정에 공포, 분노, 행복, 슬픔, 놀람과 함께 혐오가 있다. 혐오가 본능적인 감정이라는 뜻이다. 원시 시대의 인간은 생존을 위해서 혐오가 필요했을 것이다. 무엇이 위험한지 아직 알 수 없고 모든 것을 본능과 경험에 의지해야 했던 시절, 생존을 위해 숲에서 먹을 것을 찾아내야 했을 때 열매나 풀의 생김새를 보거나 냄새를 맡고 나에게 해가 될 것인지를 알아차릴 수 있게 도와주는 혐오는 꽤 유용한 기술이었을 것이다. 그리고 우리 부족의 삶을 해칠 수도 있는 외지인, 병을 일으킬 수 있는 오염 물질 등을 가려내기 위해서도 혐오가 필요했을 것이다. 즉 혐오라는 감정의 시작에는 무조건 자自와 타他의 개념이 있다.

낯설고 새로운 어떤 것이 나타났을 때 집단은 늘 그에 대한 검증을 필요로 한다. 우리에게 해가 되지는 않을지 말이다. 그래서 이질적인 것, 안정적인 일상을 위협한다고 느끼는 존재에 대해서는 당연히 경계심이 들 수 있다. 그게 지나치면 혐오감이 된다. 무언가에 대한 혐오감이 강하다면 그것이 나에게 미치는 힘이 강하기 때문일 것이다.

집단을 개인으로 바꿔서 생각해보면 어떨까? 개인의 영

역에서 봤을 때 사람은 한 덩어리지만 여러 조각들로 나뉘어 있다. 나의 모습 중에는 내가 좋아하는 부분도 있고 내가 싫어하는 부분, 나를 위협하는 부분도 있다. 나의 그런 면은 스스로도 없애고 싶어 하거나 아예 모른 체 외면하고 있을지도 모른다. 어쩌면 혐오감은 타인을 통해 투영된, 내 모습 중 없애고 싶은 조각일 수도 있다. 그래서 가끔 혐오는 자신과 상대의 선을 확실히 긋기 위한 수단으로 사용되기도 한다. 나는 너와 다르다는 선을 확실히 그으면서 나에게도 존재할 수 있는 부분을 의식에서 지워버리는 것이다.

인종, 성별, 집단, 직업 등 혐오의 대상은 넘쳐난다. 나와 남의 구분이 없어질 수 없는 것처럼 사회에서 혐오의 감정이 완전히 사라지는 일은 없을 것이다. 하지만 혐오감을 느끼는 대상 중 일부는 상대 자체의 문제가 아니라 내가 느끼는 위협감 때문이거나 혹은 내 감정이 투영되었기 때문일 수도 있다는 것을 이해하고 나면 혐오의 크기가 조금은 줄어들지도 모른다. 어쩌면 상대를 배척하는 혐오감 대신 새로운 공존의 방식을 택하게 될지도 모를 일이다.

내가 보잘것없게 느껴져요

어릴 적 우리는 누구나 세상의 주인공이 되길 바라지만 어른이 된 현실에서는 그렇지 않다. 이 사실을 깨닫는 순간은 조금 잔인할 수도 있지만 어른이 되는 과정이기도 하다. 어리다는 이유로 보호받던 삶은 나도 모르게 끝나버리고, 맨몸으로 사회라는 링 위에 올라서야 한다.

유치원, 학교를 가는 시기부터 평생에 걸쳐 대부분의 사람들은 자신이 속한 집단에서 중심이 되거나 최소한 잘 섞이길 원한다. 그런데 그게 누군가에게는 별로 어렵지 않은 일일지 몰라도 다른 누군가에게는 세상에서 가장 어려운 일이다. 개인적 특성이 두드러지거나 집단의 특성과 잘 맞지 않을 경우 소외되거나 배척당할 수 있다. 혹은 악의적인 누군가에 의해 의도적으로도 그런 일이 벌어질 수 있다. 꼭 사람들에게 인기가 많다고 좋은 사람, 인기가 없다고 못난 사람이 아닌데 인기가 많으면 괜히 우쭐하게 되는 것처럼 인기가 없으면 괜히 주눅 들게 된다. 자꾸 주변 눈치를 보면서 소외당할까 불안해지고 말과 행동에도 힘이 실리지 않는다. 그런데 그런 약해진 마음은 주변에서 또 귀신같이 알아차린다. 소외받는 경험이 많을수록 대인관계에 자신감이 떨어지고 타인을 믿기가 어려워서 마음을 열지 못한다. 누군가 이런 나를 챙겨주고 이런 상황에서 벗어날 수 있게 도와주길 바라지만 각자 살기 바쁜데 그럴 사람은 없다. 내가 나를 도와야 한다.

사람들이 친해지고 싶은 사람은 비슷하다. 내가 친해지고 싶은 사람들의 특성들을 생각해보자. 재미있고 친절하고 배려심 있고 자기 일도 잘하고 등등. 그리고 내가 그런 사람이 되도록 노력하는 것이다. 누가 다가오길 기다리고 있지만 말고 내가 다가가볼 수도 있다. 아무것도 하지 않으면서 고기가 잡히길 기다리면 안 된다. 최소한 미끼라도 걸어주는 노력은 해야 한다. 다른 사람이 아닌 나를 위해서다.

물론 충분히 좋은 사람이어도 특정 집단에서는 배척받기도 한다. 단순히 잘 안 맞거나 친하고 덜 친하고의 문제가 아니라 의도적인 따돌림이라면 그건 무조건 따돌리는 사람이 문제다. 이 경우는 나한테 문제가 있겠거니 자책하거나 내가 바뀌려고 노력할 것이 아니라, 스스로 내 편이 되어 나를 보호해주어야 한다. 문제를 제기하거나 도와줄 사람을 찾거나 그게 안 되면 그 집단에서 벗어나는 게 낫다.

세상의 모든 사람이 말이 통하고 상식적일 것이라고 생각하면 안 된다. 나쁘고 피해야 하는 사람도 분명 있다. 자신의 잘못이 아닌 상황에서도 자신을 탓하는 사람들이 많다. 살면서 상처를 받는 일은 굉장히 흔하고, 속상한 일을 겪으면 마음이 상하고 위축된다. 누구나 그렇다. 결코 못나서가 아니다. 속상하고 상처받을 때는 그냥 그렇게 받아들이되, 그 일이 나라는 존재 가치를 침범하게 두지는 않아야 한다. 나에게 상처 준 사람들에게 나의 자존감까지 내어주지는 말자. 나도 내가 아는 모든 사람을 좋아하진 않듯이 세상의 모든 사람이 나를 좋아해줄 수는 없다.

* * *

　친밀감이 아닌 필요에 의해 관계를 맺게 될 때도 있다. 그럴 때면 필연적으로 사람들과의 관계에서 무게추가 이동한다. 요즘 '갑을'이라는 단어를 많이들 쓰면서 이 무게추가 더 많이 의식되는 것 같다. 때때로 우리는 을이 되기도 한다. 내 의지와 상관없이 운이 나쁘면 지독한 상대를 만나 호된 경험을 하게 된다.

　갑을 이런 것 없이 똑같이 주고받고 모든 면에서 평등한 세상이면 좋겠지만, 불균형은 늘 있다. 하물며 그런 것과 전혀 관련이 없어 보이는 사랑에도 더 좋아하는 사람, 덜 좋아하는 사람이 있어서 더 좋아하는 사람이 애가 닳고 더 아프다. 부모 자식 관계는 말할 것도 없다. 부모는 권위의 면에서 갑이지만 사랑의 면에서는 을이다. 그런데 우리의 위치는 한곳에 머물러 있지 않고 관계에 따라 상황에 따라 계속 바뀐다. 거래처와 미팅에서는 을의 입장이었지만 미팅이 끝나고 간 음식점에서는 바로 음식점 주인이나 종업원 앞에서 갑이 되었다고 느끼는 것처럼 말이다. 비록 더 쉽게 갑이 될 수 있는 위치가 있고 그렇지 못한 위치가 있긴 하다. 하지만 내가 갑인 순간도 분명히 있다.

　대부분의 사람들은 그걸 알기 때문에 상대를 대할 때 역지사지의 마음으로 대한다. 그리고 사회적인 갑을 관계가 그 사람 자체, 그 사람의 인간성에 대한 가치를 의미하는 것은 아님을 알기에 서로를 존중하고 배려한다. 높은 위치에 있고 가진 것이 많을수록 자신의 사회적 책임을 먼저 생각하는 사람들도 있다.

그런데 일부 자신이 남보다 고귀하다고 착각하거나 마치 영원한 갑인 것처럼 구는 사람들도 있다. 주로 미성숙한 인격을 가진 사람들이 그렇다. 자신의 힘을 조절하고 쓸 줄 모른다. 마치 아이에게 날카로운 칼을 쥐여준 것과 같다. 남을 다치게 하지만 결국 자신도 다친다. 어떤 경우는 본인도 갑질 때문에 힘들어했거나 현재도 힘들어하면서 다른 사람에게 똑같이 혹은 더 심하게 대하는 사람도 있다. 분풀이처럼 말이다. 그런데 진심으로 내가 다른 사람에게 존중받고 최소한 함부로 대접받아서는 안 된다는 믿음이 있다면 타인도 마찬가지라는 것을 알아야 한다. 남을 함부로 대하면 내 가치가 올라간다고 느끼는 걸까? 사실은 그 반대인데 말이다.

문제는 이런 사람들은 어디에나 있고 많은 선량한 사람들에게 악영향을 주고 있다는 것이다. 그냥 스쳐 지나가는 사이, 다시 보지 않을 사이면 어느 정도는 무시하거나, 제대로 교육받지 못했나 보다고 생각하며 굳이 문제 삼지 않고 지나갈 수 있다. 하지만 정도가 지나치다면 일단 내가 너무 괴롭기 때문에 그냥 두고 볼 수만은 없다. 직장 상사, 거래처 등 계속 관계를 유지해야 하는 경우에는 더욱 어렵다. 어느 선까지는 넘어가고 어느 선부터는 넘어갈 수 없는지, 넘어갈 수 없다면 어떻게 해야 할지 선택을 해야 한다.

이게 문제인지 아닌지, 문제라고 해도 도무지 어떻게 해야 할지 모를 땐 영화 속 명대사를 떠올려보자. "뭣이 중헌디!" 언제나 가장 중요한 건 나다. 나와 타인, 나와 사회적 상황에서 기본적으로 내가 '상수'이고 타인이나 사회가 '변수'다. 변수는 여러 값을 가지고 변하는 수지만 상수는 변하지 않고 고정된 수다. 물론 우리는 변화하고 발전하는 존재지만 우선순위와 기준점이 '나'라는 사실은 변하지 않는다. 다른 사람이 실망하고 화를 내는 것, 일이 틀어져버리는 것은 물론 신경 쓰이는 일이지만 그보다 더 중요한 건 나의 가치다. 나에게 있어 나는 절대적이고 불변하는 가치를 가진다. 나에겐 내가 제일 '중허고' 그래야만 한다.

　　심하게 갑질을 하는 직장 상사가 있다고 하자. 상사는 늘 나를 보고 문제라고 말할지도 모른다. 일을 제대로 하지 않고 노력하지 않고 능력이 부족하고 글러먹었고 등등. 설령 상사가 잘못한 일이라고 해도 자신의 잘못을 인정하는 일은 결코 없다. 만약 정말 내가 부족했거나 잘못한 일이라면 그만큼에 대한 책임은 져야 할 것이다. 하지만 그렇다고 해도 정당한 비판이나 질책을 넘어서서 개인적 분노에 찬 행동, 인격 모독적인 발언에 나의 책임이나 의무는 없다. 다시 말해 그는 자신이 마땅히 해야 할 일을 하고 있는 것이 아니라 본인의 화를 조절 못하는 것일 뿐이고 내가 그런 화풀이의 대상이 되어줄 필요까지는 없다는 뜻이다.

　　회사만 떠나면 다시 보지 않을 직장 상사를, 인생의 한 공간도 내어주고 싶지 않은 그를 내 감정의 중심에 두고 나에게 절대적인 영향력을 행사하게 내버려두어야 할까? 나를 함부로 대하는 상사에겐 내가 중요하지 않은 존재지만 나에게는 내가 제일 중요한 존재다. 상사는 내 감정을 본인이 키우는 물고기보다도 하찮게 여기겠지만 그건 그의 생각일 뿐 거기에 동조해서는 안 된다. 나는 반드시 나를 중심에 두고 어떻게 할지를 생각해보아야 한다.

상사가 의도하는 대로 자책하거나 약해지지 말고 끝까지 나 자신을 지지해주면 언젠가는 문제를 해결할 힘을 얻을 수 있다. '나를 중심에 둔' 문제해결이다. 어떻게 해야 한다는 건 없다. 나에게 이로운 것이 최선이다. 일단 이것을 불변의 전제 조건으로 두고 어떤 방법이 있을지 고민해보자. 부당한 행동에 대해 법 조항 또는 사내 규정을 근거로 처벌을 받게 할 수 있는지, 그렇지 않더라도 '미투 운동'처럼 사회적인 제재를 가할 수 있을지 생각해볼 수 있다. 힘들더라도 참고 견디며 직장생활을 유지하는 것이 나에게 이로운지 혹은 당장의 손해를 보더라도 내 정신건강을 위해 그만두는 것이 나은지 따져볼 수도 있다. 나의 신념이나 현재 상황에 따라 더 소중한 것을 위해 괴로워도 버틸 수도 있고 불합리한 것을 고치기 위해 잔 다르크처럼 나설 수도 있다. 어떤 선택을 하든 나를 중심에 두고 생각한다면 결론이 뭐가 되었든 옳다. 그리고 결과를 받아들이는 마음도 천차만별일 것이다.

싸우는 것도 답이고 버티는 것도 답이고 때로는 피하고 도망치는 것도 좋은 전략이다. 버티지 못함을 또는 싸우지 못함을 내 탓으로 여겨서는 안 된다. 도망치는 것마저도 정말 힘들 때는 할 수 없다. 그럴 때는 내 마음을 회복하고 싸우거나 도망칠 수 있는 힘을 기르는 게 먼저다. 가끔은 정말 선택의 여지가 없을 때도 있다. 선택할 수 있는 자유조차 모두에게나, 언제나 허락되지는 않는다. 그럴 때일수록 더욱 자신을 위해야 한다. 위로해주고 달래주며 기다려야 한다. 달팽이가 껍질로 들어가듯 안전한 곳에서 쉬어도 괜찮다. 시간은 흘러가고 이 또한 지나간다. 사필귀정, 어떤 일도 결국은 옳은 길로 돌아간다는 뜻이다. 세상이 엉망으로 뒤틀려 있는 것 같아도 아직은 좋은 마음으로 살아가는 사람들이 더 많다. 언젠가는 올바른 모습으로 돌아올 것이다.

한 가지 꼭 기억해야 할 점은 우울증 상태에서는 위에서 말한 합리적 판단이나 의사결정이 너무나 어렵다는 것이다. 우리는 가끔 뉴스를 통해 직장 내 괴롭힘이나 왕따, 갑질 사건 등의 피해자들이 스스로 생을 마감하는 경우를 본다. 그 선택이 더욱 안타까운 이유는 그들이 그렇게 힘들어지기 전, 행복하고 건강했던 때였다면 극단적인 선택이 아닌 다른 선택을 할 수도 있지 않았을까 하는 생각 때문이다. 누구나 너무 힘든 일이 계속해서 겹치면 평상시 해오던 것도 할 수 없게 되어버린다. 미래의 모습이 그려지지 않고 얼음 기둥에 갇힌 것처럼, 덫에 걸린 것처럼 아무것도 할 수 없고 아무 판단이 서지 않는다. 정말 나쁜 사람들은 주변의 지지를 받을 수 있는 통로를 차단하고 상대를 궁지로 계속 몰아넣는다. 반복되는 좌절과 무기력감에 빠져 아무것도 할 수 없어지기 전에 벗어날 수 있도록 주위 사람들과 전문가에게서 도움을 받아야 한다.

더 높은 자리 또는 넓은 자리에 앉거나 줄을 서지 않을 권리는 돈을 주고 살 수 있겠지만 상대의 마음과 인격을 짓밟을 권리는 얼마만큼의 돈을 주고서도 얻을 수 없다. 마치 상대를 낮추면 자신이 올라가는 것처럼 행동하는 사람들은 사실 자존감이 낮아서 본인 자체만으로 가치 있다는 믿음이 없다. 그래서 상대방을 깔아뭉개야 자신이 가치 있다고 믿을 수 있다. 진정 무가치하고 미성숙한 모습이다. 인간적인 노력으로 그를 고칠 방법도 없고 그럴 필요도 없다. 거기에 쓰는 에너지가 아깝다. 다만 그런 사람들이 당신의 마음과 정신을 훼손하도록 허락하지 않아야 한다. 평상시에는 순한 강아지같이 살았어도 나 자신과 나의 권리를 지키기 위해 승냥이처럼 달려들어야 할 때가 있다.

누구나 살다 보면 내가 세상에서 가장 작고 보잘것없는 사람처럼 느껴지는 순간이 있지만 그 순간조차 나는 누군가에게 세상 전부다. 다른 사람이 아니라 나 자신에게 말이다. 나를 귀하게 여겨야 한다. 그게 자존감이다. 자존감의 사전적 의미는 스스로를 지키고 존중하는 마음, 아끼는 마음이다. 외적인 조건에 의해서가 아닌, 나라는 존재 자체에 대한 가치이자 믿음이다. 정글 같은 사회에서 누군가 나를 무너뜨리려고 해도 나에게 철옹성 같은 자존감이 있다면 그건 불가능하다. 귀한 나의 마음을 기울일 자격도 없는 곳에 낭비하지 않아야 한다. 열 번을 말해도 부족하다. 자신을 귀하게 여겨야 한다. 당신은 귀한 사람이다.

가스라이팅을 당하고 있어요

100퍼센트 자기확신을 가지고 살아가는 사람은 없다. 사람은 대부분 내가 틀릴 수도 있다고 생각하고, 그래서 다른 사람들의 의견도 경청한다. 그런데 일부 악한 사람들은 사람의 이런 부분을 자신의 목적과 필요에 의해 이용한다. 상대방이 스스로를 존중하지 못하고 자신을 믿지 못하는 상태로 만들어버리는 것이다.

'가스라이팅gaslighting'이라는 말은 〈가스등Gas Light〉(1938년)이라는 연극에서 유래되었다고 한다. 그 연극에서 아내의 재산을 노리는 남편은 가스등을 희미하게 해두고 아내가 집이 어둡다고 할 때마다 당신이 잘못 본 것이다, 엉뚱한 소리를 한다는 핀잔을 준다. 이러한 경험이 반복될수록 아내는 스스로의 판단을 믿지 못하고 자신을 의심하며 남편의 판단에 전적으로 의지하게 된다. 가스라이팅은 일종의 정신적 학대로, 상대의 판단력을 없애고 대신에 자신의 영향력을 높인다. 가정, 학교, 직장, 종교 어디에서든 일어날 수 있다. 실제로 상대를 조종해서 전 재산을 내어놓게 만들거나 친부모나 자식을 죽이게 만드는 일까지 있다.

"네가 게을러서 내가 힘들어." "네가 나를 화나게 만들어." "네가 그런 행동을 해서 나쁜 일을 당한 거야." 가스라이팅하는 사람은 상대방이 모든 상황을 자신의 문제라고 여기게 만든다. "네가 혼자서 무엇을 할 수 있다고?" "너를 생각하는 것은 나밖에 없잖아." "나 말고 다른 사람은 믿지 마." 이런 말로 자신을 상대방의 인생에서 주인으로 만든다. 이런 말들을 자주 하는 사람은 늘 경계해야 한다. 누군가와 함께 있는 것이 즐겁지 않고 힘이 든다면, 만날수록 자괴감이 들거나 초라해지는 것 같다면 가스라이팅을 의심해보아야 한다. 그리고 상대방이 일반적인 범위 이상의 물질적, 심리적 헌신을 요구하는 경우도 마찬가지다. 내가 무언가를 해주지 않아서 떠나는 상대는 어차피 떠나갈 사람이다.

가스라이팅은 타인의 공감을 이용하거나 단점이나 죄책감을 파고들기 때문에 서로를 잘 아는 관계에서 더 많이 발생한다. 실제로 연인 관계나 부부 관계, 부모 자식 관계에서 흔하게 나타난다. 가스라이팅이 너무 오래되면 내가 가스라이팅을 당하고 있는지조차 모르는 경우도 있다. 그리고 그런 삶에 익숙해져서 스스로 판단하고 살아갈 수 있는 능력을 아예 상실해버리고 만다. 그렇게 되기 전에 서둘러 빠져나와야 한다.

그렇다면 오랜 시간에 걸쳐 일어나기에 인식하기도 쉽지 않은 가스라이팅에서 벗어나려면 어떻게 해야 할까?

거리두기

∨

이러한 가학-피학적 관계에서 빠져나오려면 무조건 일단 심리적, 물리적 거리를 두는 것이 최우선이다. 쉽지는 않다. 왜냐하면 가스라이팅하는 사람은 자신에게서 벗어나려는 상대를 오히려 비난하고 상대의 무력감을 강조하며 상대를 계속 자신의 지배하에 두려고 하기 때문이다. 만약 누군가 나의 심리적 자립을 방해한다면 이는 잘못된 관계라는 명확한 증거다. 건강한 관계는 각자의 독립적인 삶을 지지하고 존중하는 관계다. 한쪽이 상대에게 과하게 의지하거나 상대를 지배하는 관계는 결코 좋은 관계가 아니다. 성인이 된 이후에는 부모 자식 간에도 자연스러운 독립이 이루어져야 한다. 지금의 관계가 괜찮은지 아니면 건강하지 않은지 확인하기 위한 방법도 일단 거리를 두고 생각해보는 것이다. 한 걸음 떨어져서 보면 내가 왜 그렇게 휘둘렸는지 스스로도 이해가 되지 않을 것이다.

스스로 결정하기

∨

아주 작은 것이라도 스스로 판단하고 실행하는 습관을 들여야 한다. 이런 경험은 자존감을 높일 수 있다. 처음에는 두려울지도 모른다. 사람은 누구나 다른 사람에게 의지하고 싶은 마음, 누군가 답을 내려주었으면 하는 마음을 품고 있다. 하지만 세상에는 옳고 그름이 없는 일이 더 많고, 누구도 옳은 선택만 하지는 않는다. 다른 사람에게는 정답이어도 나에게는 오답일 수 있다. 타인이 아닌 나의 생각에 귀를 기울여야 한다. 그리고 나의 판단을 믿어야 한다. 자존감이 낮으면 남의 말이 다 맞는 것 같고 자신의 판단에 자신이 없다. 스스로를 과소평가한다. 그런데 자세히 보면 목소리 크고 대단해 보이는 다른 사람들이 정작 별것 없고 잘 모르는 경우가 꽤 많다. 나와 관련한 일이면 당연히 더 그렇다.

누구나 틀릴 수 있고 잘못된 결정을 할 수 있다는 것을 받아들이고 그래도 괜찮다는 믿음이 있어야 결정을 할 수 있다. 설령 뼈아픈 실패를 경험하더라도 그게 나의 결정이고 책임이라면 실패에서도 성장할 부분이 있기 마련이다. 나의 실패, 실수에 대해 관대하지 못하고 너무 엄격하면 책임을 지는 것이 두려워서 아예 책임질 일을 회피해버린다. 상대가 결정을 내려주면 책임도 상대방 것이 된다고 믿는다. 그런데 내 인생은 나 말고 누가 책임져줄 수 있는 것이 아니다. 결국은 내가 감당해야 할 몫이다.

스스로 선택하고 스스로 책임지는 삶이 자존감 높은 삶이다. 자존감이 높은 사람은 웬만해서는 가스라이팅을 당하지 않는데, 자존감은 전신성형을 하거나 갑부가 된다고 갑자기 생길 수 없다. 티끌 모아 태산이 되듯 작은 선택을 하고 그에 대한 책임을 지는 경험, 스스로 이루어낸 작은 성취들이 하나하나 쌓여서 만들어진다. 이렇게 이루어진 진정한 자존감은 굳건하게 서서 웬만한 시련이나 공격에도 무너지지 않는 아주 견고한 성이다.

다양한 관계 맺기

∨

사람은 다양한 사람들을 만나며 살아야 한다. 인간관계가 너무 좁은 경우 다양한 관점을 보기 어렵고 특정 사람에게만 의지하게 될 수 있다. 상대를 가스라이팅하는 사람의 특징은 상대방이 자신을 제외한 다른 인간관계를 끊어버리도록 만드는 것이다. 다른 관계를 통해 자신의 영향력이 약해지거나 자신의 방식에 문제가 있다는 사실이 금세 드러날 수 있기 때문이다. 따라서 가스라이팅을 피하고 벗어나기 위해서는 반대로 사람을 많이 만나야 한다. 꼭 깊은 관계가 아니더라도 일반적인 이야기를 나눌 수 있는 사람들, 상식적인 대화가 가능한 다양한 사람들과 관계를 유지하는 것은 극단적 사고로 빠지지 않도록 막아준다.

조심해야 할 것은, 가스라이팅을 당한 사람이 애써 가해자에게서 벗어난 뒤 다른 사람과 또다시 전과 비슷한 관계를 맺는 경우도 흔하다는 점이다. 상처 입고 힘든 마음은 누군가가 파고들기 쉽다. 특히 애정 욕구와 인정 욕구가 강한 경우 누군가가 곁에 있지 않으면 금방 불안해져, 상대가 좋은 사람인지 아닌지 제대로 파악하지도 않고 너무 빨리 깊은 관계로 빠져버린다. 그리고 상대의 애정을 잃지 않기 위해 자신의 의견은 무시한 채 상대에게만 의지하게 된다. 결국 본인이 변하지 않으면 누군가에게서 힘들게 벗어난다고 해도 상대만 바뀔 뿐 비슷한 일은 계속 반복된다.

사랑이 너무 어려워요

세상에 사랑 같은 개념이 또 있을까? 종교, 철학, 문학과 예술의 영원한 주제이자 인간의 근원적 감정이고 누구나 가지고 있는 감정인데 누구에게나 주어지지는 않는다. 그만큼 사랑은 어렵다. 사람도 내 마음대로 되지 않는데 그중에서도 사랑은 정말 내 마음대로 되지 않는다. 오죽하면 알라딘의 요술램프에 나오는 소원을 들어주는 요정 '지니'도 모든 소원을 들어줄 수 있지만 당신이 누군가를 사랑하도록 하거나, 누군가가 당신을 사랑하게 만들 수는 없다고 했을까. 그렇기에 사랑은 그 자체로 기적적이다.

하지만 현실에는 이루어지는 사랑보다 이루어지지 않는 사랑이 더 많다. 짝사랑, 어긋난 사랑, 변해버린 사랑, 미숙한 사랑, 배신당한 사랑…. 사랑 때문에 한 번도 울어보지 않은 사람은 없을 것이다. 수많은 사랑 이야기와 노래 가사가 우리 마음에 와 닿는 건, 나 혼자 겪는 일이 아니기 때문이다. 사랑이 이루어지지 않았을 때, 이별을 받아들이기 어려울 때 우리는 이유를 찾게 된다. 상대를 탓해보기도 하지만 이내 자신을 원망하게 된다. 나라는 사람이 싫어지기도 하고 실패자처럼 느껴질 수도 있다. '나는 사랑받지 못할 존재인 건 아닐까?' 하는 불안감에 휩싸이기도 한다.

우리는 누구나 사랑받을 만한 존재이지만 누구나 사랑을 할 준비가 되어 있지는 않다. 나는 되어 있어도 상대가 아직 사랑을 할 준비가 되지 않았을 수도 있다. 혹은 그냥 나와 맞지 않는 사람이었거나 꼬여버려서 잘될 수 없는 상황이었을 수도 있다. 다른 사람의 마음을 완전히 이해하기란 불가능하고, 사랑은 이성적인 방법으로는 이해할 수 없는 구석이 많기 때문에 더 어렵다. 도저히 답을 찾을 수 없을 땐 '타이밍' '인연'이라는 표현을 쓰기도 한다. '인연이 아니었나 보다' 해버리면 내 탓도 네 탓도 아닌 더 큰 섭리가 있는 것 같아 마음을 조금은 내려놓게 된다.

　사람은 망각의 동물이고 시간이 약이니 어떤 방법으로든 아픔을 천천히 극복해가면 되지만 만약 사랑의 실패 때문에 과도하게 자책한다면 아픔은 더 커지고 오히려 시련을 극복하는 것을 방해할 수 있다. 사랑을 할 때 몰랐던 자신의 모습을 발견하게 되는 것처럼, 이별을 할 때도 사랑을 잘 마무리해야 나라는 사람이 어떤 사람인지, 내가 하는 사랑이 어떤 사랑인지 보인다. 지금 겪는 아픔은 헛되지 않다. 어딘가에는 분명 나의 사랑이 있다. 그런 사랑을 찾기 위해서, 찾게 되었을 때 같은 실수를 반복하지 않고 사랑을 더욱 소중하게 가꾸기 위해서 지금의 이별은 꼭 필요하다.

　아플 때는 아파야 하지만 그러고 나서는 다시 앞으로 나아가야 한다. 그래야 그다음이 있다. 이루어지지 않은 소망과 갈 곳을 잃은 마음, 짓밟힌 진심은 당연히 아프다. 내 마음이 다시 숨 쉴 수 있을 때까지 충분히 아프고 나서 다시 고개를 들면, 세상은 그대로 굴러가고 있고 나는 괜찮다는 사실을 느낄 것이다. 사랑할 줄 모르는 사람의 삶은 공허하다. 사랑에 상처를 받더라도 누군가를 사랑할 수 있는 마음이 있다는 것은 축복이다.

어떤 사랑을 해야 할까?

∨

사랑이 꼭 남녀 간의 사랑만을 의미하진 않는다. 사랑을 넓게 보아서 내가 아닌 타인에 대한 마음이라고 할 때, 누군가를 제대로 사랑하는 것은 성숙한 어른이 되기 위한 필수 과정이다. 제대로 사랑한다는 것은 나의 욕구와 타인의 욕구를 모두 인정하고 존중할 수 있다는 의미이기 때문이다. 일방적 애정의 형태인 스토킹이나 착취적, 맹목적 사랑이 제대로 된 사랑일 수 없는 이유다.

우리는 좋은 사랑을 해야 한다. 좋은 사랑에는 존중과 배려가 필요하다. 서로의 인격과 살아온 삶, 가치관에 대한 존중과 배려다. 무조건 상대에게 맞추라는 뜻이 아니다. 일방적인 관계는 서로를 지치게 만들고 결국 오래가지 못한다. 나도 상대를 존중해야 하고 당연히 상대도 나를 존중해야 한다. 과연 무조건적인 사랑이 좋은 걸까? 노래 가사에서는 "사랑은 무조건이야"라고 외치지만 사실 사랑에는 공짜가 없는 것 같다. 언제나 마음은 주고받아야 한다. 아낌없이 주는 것을 사랑이라 믿고 있다고 하더라도 나 역시 상대에게 사랑의 마음, 그게 아니더라도 최소한 존중을 받아야 한다.

누군가가 나에게 사랑이라는 이름으로 무조건적인 희생을 요구한다면 그건 진짜 사랑이 아닐지도 모른다. "나를 사랑한다면 너는 이렇게 해야지." "네가 이렇게 하는 걸 보니 나를 사랑하지 않는 것 같아." 이런 말은 앞서 말한 가스라이팅에서 많이 보이는 대화다. 반대도 마찬가지다. 내가 누군가에게 사랑이라는 이름으로 무조건적인 희생을 요구하고 있을 수도 있다. 나를 위해 상대의 사랑을 이용하는 것이 아니라 서로를 진심으로 대해야 하는 의무를 말하는 것이다. 사랑은 힘들 때도 있겠지만 대체로 즐겁고 행복하다. 만약 나를 너무 힘들게 하는 사랑을 하고 있다면 무언가 잘못되진 않았는지 한 번쯤 멈추어 고민해보아야 한다.

또 좋은 사랑은 책임감 있는 사랑이다. 사람 사이에서 가장 중요한 것은 서로에 대한 믿음이고 책임감은 믿음을 가능하게 한다. 책임감 있는 사랑을 위해 일단 나의 삶을 책임감 있게 살아가고 있어야 한다. 내 삶을 스스로의 힘으로 살아가지 못하는 상황에서, 사랑이 나를 구원해줄 수 있을 것이라는 믿음은 환상에 지나지 않는다. 스스로의 삶에서 독립적이고 주체적으로 살 수 있어야 나의 삶에서도 타인과의 관계에서도 책임감 있게 살 수 있다. 믿음과 책임이 없는 사랑은 서로에게 상처만 줄 수도 있다. 사랑하는 사람뿐만 아니라 어떤 사람에게든 큰 상처를 주면 자신의 업보가 된다. 가슴속에 안고 살아야 하거나 잊고 살더라도 결국 나에게 돌아온다. 좋은 사랑을 하는 최선의 방법은 내가 좋은 사람이 되는 것이다. 스스로 좋은 사람이 되기 위해 노력하다 보면 그만큼 좋은 사람이 곁에 생길 것이다.

요즘은 뭐든 빠른 것이 각광받는 시대이지만 사랑은 조금 느린 것이 좋지 않나 싶다. 누군가를 알아가고 마음을 확인하고 그 마음을 견고하게 지켜나가는 과정은 급하게 되지 않는다. 간혹 설레는 감정만을 사랑이라고 생각하는 경우도 있다. 사랑에 빠지고 설레는 시기가 지나간 다음에 오는 편안함, 지루함, 권태로움을 견디지 못하는 것이다. 그래서 계속 새로운 사랑을 찾는다. 이 문장에서 사랑을 자극으로 바꾸어도 이상할 게 없다. 계속 새로운 자극을 찾는다.

설렘은 사랑에서 중요한 부분이지만 그게 전부는 아니다. 사랑을 가꾸어나가는 데는 노력도 필요하다. 한눈에 사랑에 빠지고 영원히 함께하는 운명적인 사랑을 누구나 꿈꾸지만, 아주 특별하고 드문 사랑이기도 하다. 운명적인 사랑의 대명사 로미오와 줄리엣도 만약 사랑의 결실을 맺었다면 첫눈에 반한 이후에 서로 꽤나 노력해야했을 것이다. 사랑이 생기고 발전해나가는 데는 시간이 필요하다. 시간의 힘은 강해서, 진짜가 아닌 것을 가려내주고 진짜를 더욱 빛나게 한다. 여러 계절을 함께 보내고 감정들이 다양하게 변화하면서 마주하게 되는 여러 가지 시련을 극복하는 동안 관계는 점점 더 단단해질 것이다.

어떻게 좋은 사랑을 할 수 있을까?

˅

남녀 사이든 부모 자식 사이든 타인과 하는 사랑은 스스로 하는 사랑의 '결과물'이다. 나 자신과의 사랑을 잘해야 타인과 하는 사랑도 잘할 수 있다. 종종 자신과의 사랑이 어려워서 타인과의 사랑으로 그 자리를 메꾸려고 하는 경우를 본다.

남편과 반복되는 싸움으로 힘들어하는 L이 있다. L은 어릴 때부터 자신이 '미움 받는 아이'였다고 했다. 늘 바쁘고 사이가 좋지 않았던 아버지와 어머니는 L에게 충분한 사랑을 주지 못했을 뿐 아니라 작은 잘못에도 L을 비난하기 일쑤였다. 반면 L의 남동생은 할머니의 과보호 아래 L이 그렇게 받기 힘들었던 부모의 지지를 혼자 받았다고 한다. 어린 시절부터 L에게 집은 편안한 공간이 아니었기 때문에 밖으로 돌았지만, 밖에서도 마음을 나눌 수 있는 깊은 관계는 없었다.

L의 유일한 꿈은 빨리 커서 독립하는 것이었다. 그래서 고등학교를 졸업하자마자 결국 독립을 했고 큰 해방감을 느꼈지만 좋은 직업이나 부모님의 도움 없이 살아가기란 녹록지 않았다. L은 아르바이트를 하다가 만난 남자와 비교적 어린 나이에 결혼하게 되었다. L은 결혼하면서 자신의 원래 가정과는 달리 행복하고 서로 아껴주는 가정을 꾸리겠다고 다짐했다.

하지만 남편과 갈등이 있을 때마다 L은 남편의 모습에서 과거 자신을 비난하는 부모님의 모습을 발견했고 꿈꿔왔던 가정의 모습이 깨지는 것 같았다. 그리고 그동안의 노력과 상관없이 다시 과거로 돌아가는 듯 무력한 기분이 들었다. L은 과도하게 예민해졌고 남편의 다른 관계들을 극도로 싫어해서 친구들을 만나지 못하게 했고 시댁과의 관계도 끊게 했다. 두 사람의 다툼은 점점 심각해졌다. 두 사람이 헤어질 마음이 있는 것은 아니었다. L은 남편을 사랑했지만 문제는 L이 사랑을 할 줄 모른다는 것이었다. L은 늘 남편의 사랑이 불안했다. 아주 살갑고 다정하게 대해주지 않으면 애정이 식었다고 느꼈다.

사랑에는 믿음이 필요하다. 상대의 마음에 대한 믿음뿐 아니라 자신이 사랑받을 수 있는 존재이고 사랑을 할 수 있는 존재라는 믿음이다. 그런 믿음이 있으면 위기 상황에서도 과도하게 예민해지지 않는다. 살다 보면 서운한 일, 다툼은 언제나 생기기 마련이다. L과 남편도 항상 어찌 보면 별것 아닌 이유로 다툼을 시작했지만 L의 마음속에서 현재의 갈등은 과거의 깊은 상처를 자꾸 헤집었다. 자신이 사랑받지 못하는 존재, 환영받지 못하는 존재라는 슬픔 말이다. 나비의 작은 날갯짓이 쓰나미 급의 감정태풍을 불러오는 격이었다.

이때 별것 아닌 일로 예민하게 군다고 자책하거나 상대를 타박하는 것은 별로 도움이 되지 않는다. 그보다는 마음속 오랜 상처를 이해해야 한다. 현재의 갈등을 해결하기 위해서는 먼저 상처받은 마음을 숨기기 위해 겹겹이 쌓아놓은 마음의 벽을 무너뜨리고 과거의 아픔들과 마주하는 것이 시작이다. 어쩔 수 없었던 과거의 슬픔을 받아들이고, 그렇지만 지금의 나는 여전히 미움받으면서도 사랑을 갈구하는 아이가 아니라 누군가에게 사랑을 받을 수도 있고 줄 수도 있는 성숙한 사람이라는 사실을 깨닫는 것이다. 사람과 사랑에 대한 믿음, 자신에 대한 믿음을 회복하는 과정이다.

다른 사람과 관계를 맺을 때, 특히 누군가와 사랑을 할 때는 내 마음에 조금 더 관심을 기울여야 한다. 그래서 마음속에 어딘가 상처와 공허함이 있다면 상대나 외부 자극을 통해서 채울 것이 아니라 스스로를 돌보아야 한다. 돌보지 않은 정원에는 해충이 꼬이지만 잘 가꾼 정원에는 향기로운 꽃이 핀다. 과거에 내가 소중한 존재로 귀하게 자라지 못했다고 해서 사랑을 못하는 것은 아니다. 오히려 그런 어려움을 극복한 나를 더욱 자랑스러워해야 한다. 내가 나를 이해하고 사랑할 수 있을 때 다른 사람을 사랑할 수 있고 또 다른 사람의 사랑을 순수하게 받을 수도 있다.

사람에게 실망하거나 상처를 받았어요

여기까지 우리는 이미 많은 관계에 대해 이야기해왔다. 정신과에 오는 사람들뿐 아니라 모든 사람의 문제에서 대인관계를 빼놓고 생각할 수 없다. 대인관계에서 문제가 시작되었거나, 자신이 기존에 가지고 있던 문제가 대인관계에 영향을 미쳐서 또 다른 문제가 되었거나 둘 중 하나다. 사람을 가장 기쁘게 하는 것도, 가장 슬프고 힘들게 하는 것도 사람이다.

지금 자신이 맺고 있는 관계들을 떠올려보자. 어떤 기분이 드는가? 편안한가? 안정적인가? 아주 복잡한 관계 안에 놓인 사람도 있을 것이고 별다른 대인관계 없이 고립되어 있는 사람도 있을 것이다. 자신의 대인관계에 100퍼센트 만족하는 사람은 아무도 없으니, 많으면 많은 대로 없으면 없는 대로 너무 낙담하지 않았으면 좋겠다. 게다가 여기에는 정답이 있지도 않다. 사람들마다 편안함을 느끼는 거리는 서로 다르다. 누군가는 아주 친밀한 관계를 선호하고 누군가는 충분한 거리감을 선호한다. 성격에 따라서도 다르고 같은 사람이어도 처한 상황에 따라서 달라진다. 관계의 강도와 거리감이 자신에게도 타인에게도 어느 정도 편안한 범주 안에 있기만 하다면 어떤 게 더 옳다고 할 수 없다. 각자 사고방식이 다르고 원하는 바가 다름을 존중해야 한다. 자신의 성향만을 고집한다면 오히려 갈등이 생길 수 있다.

외롭고 공허한 관계

ᐁ

대부분은 서로의 성향을 존중하며 중간 지점에서 나름의 타협점을 찾지만 모든 일이 그렇듯 문제가 되는 것은 양극단의 경우다. 너무 가깝고 잠시의 쉴 틈도 주지 않아 숨이 막히는 관계가 있다. 이런 사람들은 누군가와 멀어지는 것을 과도하게 두려워한다. 일상 속에서의 작은 거절에도 마치 자신이 버림받는 것 같은 강렬한 느낌이 들기 때문이다. 그래서 상대방에게서 멀어지지 않기 위해, 다시 말해 버림받는 것 같은 기분을 피하기 위해 갖은 애를 쓴다. 자신의 생각이나 원하는 바를 포기하고 상대방에게 모든 것을 맞춰주기도 하고, 상대방이 자신을 떠나지 못하게 하려고 거짓말을 하거나 심한 경우 자해, 자살 소동을 벌이기도 한다.

만약 의지할 누군가가 없어지면 극심한 외로움을 느끼며 견디기 힘들어하다가 다른 의지할 사람을 찾아낸다. 그런데 문제는 옆에 누군가가 있을 때도 편안한 것이 아니라 여전히 외롭고 공허하다는 점이다. 상대가 아무리 애써도 밑 빠진 독에 물을 붓듯 애정 욕구가 채워지기 힘들고 늘 좌절하게 되기 때문에 결국 서로 지쳐 관계가 틀어지고 만다.

반대로 가까워지는 것이 두려워 무조건 피하는 경우도 있다. 누군가와 관계 맺는 것 자체를 불편해하기도 하고, 나중에 관계가 틀어지는 것이 무서워서 아예 시작도 못하기도 한다. 자신의 본모습을 보면 상대가 실망할 것이라고 지레짐작해 피하고 철벽을 쌓는 경우다. 겉으로 사교적이고 지인이 많아 보여도 막상 깊은 관계를 피하고 가벼운 관계만을 지속하는 경우도 있다.

두 경우가 겉으로는 달라 보이지만 속으로는 아주 비슷한 부분이 있다. 관계를 피하는 사람들은 과거 대인관계에서의 상처가 있는 경우가 많다. 그래서 아무것도 하지 않으면 아무 문제도 일어나지 않고 아무 상처도 받지 않을 거라 믿는다. 물론 기대하지 않으면 실망할 일도 없고 만나지 않으면 헤어질 일도 없긴 하다. 하지만 정말 그게 더 나을까? 아무것도 하지 않으면 아무것도 아니게 된다. 싫은 것을 피하려다 좋은 것도 놓쳐버린다. 우리가 느끼는 즐거움에는 사람에게서 얻을 수 있는 것도 많다. 꼭 누군가와 함께여야 하는 것은 아니지만 상처받을까 두려워 한 발짝 더 들어가지 못하고 겉만 맴도는 삶은 무미건조할 수 있다.

사람과의 관계에서 너무 지칠 때는 잠시 쉬어가도 좋다. 친구, 연인뿐 아니라 가족 관계에서도 마찬가지다. 의무를 벗어버리고 두려움도 벗어버리면 남는 것은 '나'라는 존재다. 모든 관계의 정답은 내가 편한 만큼이다. 대인관계와 관련한 나의 두려움이 무엇인지 들여다보고 나의 상처받은 마음을 달래주는 것이 우선이다. 과거의 경험이 만든 상처와 떨어진 자존감을 충분히 달래준 후에 나에게 편한 관계의 거리를 스스로 선택할 수 있어야 한다. 그리고 상대의 거리 역시 그렇게 존중해주어야 한다.

소통과 소신
∨

"모든 사람은 섬이다"라는 말도 있고 "우리는 섬이 아니다"라는 말도 있다. 어느 쪽이 조금 더 와 닿는가? 같은 말도 누군가에게는 맞고 누군가에게는 틀리다. 어느 순간에는 맞고 어느 순간에는 틀리다. 어떤 사람들은 두 문장의 절충안으로 "모든 사람은 서로 연결되어 있는 섬이다"라고 주장하기도 한다. 나 역시 이 세 번째 문장이 가장 맞지 않을까 생각한다. 사람은 자기만의 고유한 세상을 가진 존재이지만 서로 끊임없이 상호작용을 하는 존재이기도 하다.

사람과 사람 사이 소통은 반드시 필요하다. 분명한 사실은 소통 없이 사는 것은 불가능하거나 가능하더라도 몹시 괴롭다는 점이다. 영화 〈캐스트 어웨이〉의 주인공은 평범한 운송업체 직원이었는데, 불의의 비행기 사고로 무인도에 떠밀려 온다. 아무도 없는 곳에서 고군분투하던 중, 어느 날 바다에 떠내려온 배구공을 발견하고는 '윌슨'이라는 이름을 지어주고 마치 사람을 대하듯 대화를 나누고 정을 붙인다. 불을 피우고 벌레와 싸우고 매일 먹을 것을 구해야 겨우 살 수 있는 환경에서도 그는 꿋꿋하게 희망을 잃지 않고 살아간다.

무인도의 생존에 적응되자 그는 그곳을 벗어날 계획을 세운

다. 나뭇가지들을 모아 뗏목을 만들고 드디어 무인도에서 탈출하려던 시도 중에 그는 그만 거친 파도에 휩쓸리게 되고, 그 바람에 윌슨과 헤어진다. 그는 마치 소중한 가족을 잃은 듯 꺼이꺼이 울고 좌절에 빠진다. 우리는 그 장면을 보면서 전혀 이질감을 느끼지 못하고 주인공의 심정에 공감하며 눈물을 닦는다. 그게 사람이다. 무인도에 갇혀 언제 나갈 수 있을지 알 수 없고 마치 세상에서 통째로 지워져버린 것 같은 절망적인 상황에서 주인공이 인생을 포기하거나 미쳐버리지 않을 수 있었던 것은 아마 윌슨 덕분이었을 것이다.

소통은 우리를 살게 한다. 소통에서 느껴지는 교감은 생명체만이 느낄 수 있고 서로 주고받는다는 점에서 그 자체가 생동감이며 에너지다. 서로의 에너지를 주고받고 더 큰 에너지를 만들어낸다. 마치 자연스럽게 흐르는 물처럼 사람에게 생명력을 불어넣는다. 독방처럼 고립된 곳에서 한참을 지낸 사람은 생기가 없고 메말라 있다. 장기간 단절된 삶은 사람을 무생물처럼 시들게 만든다. 실제로 단절은 우울의 원인이 되기도 하고 반대로 우울증이 소통을 막아 증상을 더 심하게 만들기도 한다. 사람이 건강하게 살아가기 위해 소통은 반드시 필요하다.

그런데 소통에 너무 집중한 나머지 타인과의 소통에만 몰두하느라 그 과정에서 정작 자신의 존재는 희미해지는 경우가 있다. 특히 요즘처럼 밤낮을 가리지 않고 24시간 온·오프라인으로 소통할 수 있는 시대에는 그런 현상이 더욱 심하다. 과도한 소통의 부작용이다. 자아가 명확하게 확립되지 않은 청소년들, 심리적 불안감을 가진 사람들은 마치 나를 살리는 동아줄을 잡듯 소통에 집착한다. 잠시라도 단절된 느낌을 받으면 불안해서 견디지 못한다.

그래서 소통만큼이나 중요한 것이 바로 소신이다. 자신이 믿는 바, 신념을 가지고 있어야 주변 사람에, 세상에 휘둘리지 않고 '나'를 지켜낼 수가 있다. 소신은 마치 나무의 깊은 뿌리와 같다. 깊이 뿌리 내린 나무는 온갖 시련이 닥치고 비바람이 칠 때도 꿋꿋이 지탱할 수 있고 가뭄으로 메말라 있을 때도 견딜 수 있다. 소신은 살아오면서 경험한 과거의 깨달음이자 현재에 대한 해석이고, 미래의 이정표가 된다.

소신은 답으로 정해져 있지는 않지만 오랜 시간을 걸쳐 형성되는 만큼 웬만해서는 바뀌지 않기 때문에 어느 정도는 절대적이고 보편적이어야 한다. 소신이 사회적 통념과 부합하지 않을 때는 위험할 수 있고, 자신의 경험에만 의존한다면 아집이나 편견이 될 수 있다. 과거 수없이 많은 무고한 희생자를 만들어낸 히틀러나 다른 독재자들도 자기 나름대로는 소신을 가지고 있었을 것이다. 오히려 보통 사람들보다 소신이 더 강했을 가능성이 높다. 잘못된 소신은 강할수록 더욱 위험한 결과를 가져올 수 있다. 그래서 새로운 것들을 학습하고 세상의 가치와 정체성을 확립하는 아동기, 청소년기에는 고리타분하더라도 정의, 생명 존중, 근면 성실 등 원칙적인 것, 절대적인 것에 대한 가르침이 필요하다. 편법이 아닌 정법을 먼저 배워야 나중에 상황에 맞춘 변법變法도 가능하다.

그런데 내가 가지고 있는 소신이 옳고 타당한지 어떻게 확인할 수 있을까? 그 방법을 찾기 위해 다시 소통으로 돌아간다. 자신의 왜곡된 생각에만 갇혀 있지 않으려면 다른 사람들의 생각을 들어보고 수용할 부분은 받아들이며, 사회의 보편적 정의나 타인의 권리와 충돌하는 부분이 있다면 수정하는 과정이 필수적이다. 그러면서 내가 가지고 있는 소신이 약해지는 것이 아니라 건강한 방향으로 더욱 강화된다. 소신이 없는 소통은 빈껍데기이고 소통이 없는 소신은 독이다. 이 두 가지는 서로 복잡하게 얽혀 있고 서로를 보완하며 발전한다. 그 사이에서 우리는 적당한 균형을 잡으며 나 자신도 행복하고 다른 사람도 만족할 수 있는 관계를 만들어간다.

소통할 사람이 없을 때

∨

주변에 아무도 없거나, 있어도 상처와 나쁜 결과만 반복되는 경우 우리는 외롭다거나 단절되었다고 느낀다. 함께 있을 누군가가 필요하지만 섣불리 마음을 열기란 쉽지 않다. 소통이 꼭 깊은 관계만을 의미하는 것은 아니다. 가벼운 정도의 안부, 비언어적인 소통도 소통이고 친목이 목적이 아닌 소통도 소통이다. '다른 사람들은 저렇게 살아가고 있구나' 하고 관찰하는 것도 크게 보면 소통이다. 세상에는 아주 많은 사람들이 저마다의 색깔로 살아가고 있다는 사실을, 그리고 나도 그들 중 하나라는 사실을 인식하면 사람은 누구나 혼자이지만 또 누구도 혼자가 아니라는 사실을 느낄 수 있다.

배가 고프다고 아무거나 먹었다가 탈이 날 수 있는 것처럼, 어떤 소통은 나쁜 결과만 가져오기도 한다. 서로를 비난하거나 책망하는 관계, 혐오를 기반에 둔 소통은 안 하느니만 못한다. 자존감을 낮추고 나를 불행하게 만드는 소통의 고리는 끊어버려야 한다. 아무리 중요한 관계여도 일단은 차단해야 한다. 그 관계가 나를 세상과 연결하는 유일한 끈은 아니다. 다른 대안들은 얼마든지 있다. 소통이 꼭 사람하고만 해야 하는 것은 아니기 때문이다. 반려동물, 화분, 소설 속 주인공과 교감할 수도 있다. 이 교감은 나 자신과의 소통이다. 무생물이나 가상의 인물들은 나를 투영한다.

앞서 말한 〈캐스트 어웨이〉의 윌슨은 생명을 가진 대상이 아니라 주인공 자신이자 그가 알고 지냈던 그리운 사람들의 집합체다. 과거, 현재, 미래의 나와 내가 경험한 사랑의 기억 조각들이 나를 이해하고 위로하고 독려하는 것이다. 타인과의 소통에서 지쳤거나 소통할 사람이 없는 경우 나와의 소통 비중이 늘어날 수 있다. 어떻게 생각해보면 다른 소통들보다 나 자신과의 소통은 나를 이해할 수 있다는 점에서는 더 중요할지도 모른다.

하지만 그게 전부일 수는 없다. 아무리 쉽고 편안하다고 그것이 영원해서는 안 된다. 무인도에서는 윌슨이 유일한 소통 대상이었고 그때 그곳에서는 그게 맞았지만, 나중에 사회에 돌아오고 나서도 주인공이 타인과의 소통은 차단한 채 윌슨하고만 대화한다면 더 큰 문제가 생길 수 있다. 진짜 무인도에서는 탈출했지만 사회적 무인도에 다시 갇혀버리는 것이다.

관계에서도 힘들면 쉬어가는 것이 맞다. 하지만 영원히 멈춰 있을 수는 없다. 언젠가는 마음의 문을 다시 열고 사람들과 부대끼며 살아가야 한다. 디즈니 애니메이션 〈겨울왕국〉에서 여왕 엘사는 자신이 과거에 동생에게 했던 실수와 자신이 가지고 있는 통제할 수 없는 힘 때문에 마음의 문을 닫고 스스로를 고립시킨 채 모두와 관계를 끊고 지냈다. 하지만 엘사가 그렇게 혼자라고 생각하는 동안 사실 문 앞에는 엘사가 문을 열어주기만을 기다리고 있던 여동생 안나가 있었다.

주위를 둘러보면 내가 너무 힘들어서 미처 보지 못했던 사람들이 나를 기다리고 있을지도 모른다. 용기를 내기란 참으로 어렵지만 당신은 그 용기를 낼 수 있을 만큼 충분히 강한 존재다. 잠시 쉬면서 상처를 치유한 다음에는 다시 움직여보자.

Part 4

이제 괜찮아지기로 했다

01

나 자신을 이해하기

내 의지와 상관없이 주변에서 일어나는 상황과 그에 대한 결과는 내가 통제하고 바꿀 수 있는 범위 밖에 있다. 마음이 쓰이지만 바꿀 수 없는 부분에 연연하기보다는 바꿀 수 있는 부분, 즉 상황을 해석하고 받아들이는 나의 생각과 믿음에 주목해야 한다. 내가 어떤 생각을 하는지 잘 알고 나면 내가 왜 이런 감정을 느끼고 이런 행동을 하는지 알 수 있다. 이 과정을 통해 과거에는 조절할 수 없을 거라고 여겼던 감정과 행동을 조절할 수 있게 되는 것이다.

이것을 설명한 것이 심리학자 앨버트 엘리스Albert Ellis의 ABC 모델(사건-신념-결과 모델)이다. 특정한 사건, 즉 활성 사건activating event은 개인의 고유한 생각과 믿음belief about A을 거쳐 감정과 행동이

139

라는 결과consequence를 만들어내는데, 마음에서 순식간에 일어나는 이 과정을 인식하기 위해서는 연습이 필요하다.

나를 이해하기 위한 첫 번째 단계 | 감정 알아차리기

∨

나는 지금 어떤 감정을 느끼는가? 기쁜가? 슬픈가? 화가 났나? 불안한가? 감정을 표현하는 단어들은 많지만 자신의 감정을 다양하게 인식하지 못하는 사람들도 생각보다 많다. 감정을 구체적으로 구분하지 못하고 좋다, 나쁘다 이분법적으로만 구분하기도 한다.

일단 첫 번째 단계는 감정을 뭉뚱그려서가 아니라 구체적으로 파악하고 의식화하는 것이다. 인지치료에서 많이 언급되는 이른바 '감정에 이름 붙이기'다. 이 과정은 내 생각을 알아차리는 데 도움이 되기도 하지만 그 자체로 감정을 다루는 효과도 있다.

우리는 감정을 일차적으로 변연계에서 느낀다. 특히 두려움, 공포, 무력감 같은 원초적이고 강렬한 감정이 그렇다. 뇌의 이 영역은 생존과 관련된 만큼 본능적이고 원시적이다. 위협을 느껴 스트레스 호르몬을 분비시키고 생존을 위한 본능적 반응을 결정하는 데는 매우 빠르고 효과적이지만 이성적인 사고를 하는 데는 적합하지 않다. 그래서 우리는 변연계에 머물러 있는 감정을 옮겨와야 한다. 판단하고 조절하는 대뇌, 특히 전두엽으로 말이다. 막연한 감정을 인식하고 이름을 붙임으로써 이 과정이 가능해진다.

전 세계적으로 유명한 판타지 소설 시리즈 《해리 포터》에는 절대 악인 '볼드모트'가 나오는데, 초반에 사람들은 그의 이름을 제대로 부르지도 못한다. '그 사람' '이름을 말해서는 안 되는 사람'이라고 부른다. 실체가 드러나지 않은 상태에서는 두려움이 더 커진다. 감정도 그렇다. 제대로 인식되지 않은 채로 있으면 원래 크기 이상의 영향력을 미치고 감당할 수 없게 느껴지지만 의식의 영역으로 오면 거품이 사그라지고 원래 크기 자체로 다룰 수 있게 된다. 《해리 포터》에서 처음에는 일부 용감한 주인공들만이 그의 이름을 불렀지만 나중에는 모든 사람이 정확히 '볼드모트'라고 부를 수 있게 되었다. 그랬을 때 그는 더 이상 범접할 수 없는 미지의 존재가 아니라 실체를 가진, 맞서 싸울 수 있는 존재가 되었다.

감정은 누구나 느끼지만 이것을 아무나 다룰 수 있는 건 아니다. 아기들을 생각해보자. 갓 태어난 아기가 느끼는 것은 위협과 안정감 등 감정보다는 본능에 더 가깝다. 그리고 자라면서 점차 다양한 감정을 느낄 수 있게 되는데 스스로 알아가는 것도 있지만 부모에게 배우는 것이 크다. 아기가 느끼는 모호한 감정들에 부모가 이름을 붙여주면서 아기는 '아, 이게 행복하다는 거구나, 이게 슬픈 거구나'를 알아나간다.

즉 감정도 말을 배우듯이 배워나가야 하는데, 요즘은 가르쳐야 할 것이 너무 많아 오히려 살아가면서 가장 중요한 감정을 알아차리고 돌보는 법을 가르치지 못한다. 그래서 성인이 되어서도 내가 힘들다는 것조차 모르고 사는 사람들도 많다. 남자들, 그중에서도 특히 연세가 드신 분들은 감정을 표현하는 것을 아주 어색해하고 잘 못한다. 구체적으로 물어보아도 "좋은데요" 아니면 "나쁜데요" 정도다. 그나마 이건 조금 낫고 대다수는 "뭐 그냥"이다. 정말 아무렇지 않아서 그런 경우도 있겠지만 괜찮지 않은 경우도 화를 내는 행동을 할지언정 화가 난 감정을 말로 표현하기는 어려워한다.

차라리 "힘들다" "괴롭다"라고 말로 표현하거나 "나는 왜 이런 문제가 있는 걸까?"라고 이야기하는 사람은 그래도 자신의 감정에 어딘가 문제가 있음을 인식하는 능력이 있는 사람이다. 내가 힘들다는 것도 알아차리지 못하고 공연히 주변 사람에게 화를 내거나, 세상 탓만 하지 않을 수 있는 사람이다. 그렇기 때문에 만약 당신이 지금 힘들다면, 그래서 이 책을 펼쳤다면 우선 스스로 어려움을 알고 해결하고자 하는 자신을 칭찬하는 것부터 시작하자.

나를 이해하기 위한 두 번째 단계 | 감정에서 생각 찾아내기

∨

감정을 잘 알아차려야 하는 이유는 감정을 불러일으킨 생각을 찾아내기 위해서다. 왜 이렇게 느끼는지, 무엇이 이런 기분을 들게 했는지다. 생각 중에는 비교적 쉽게 알아차릴 수 있는 의식적인 것도 있고 알아차리기 어려운 무의식적인 것도 있다.

예를 들어 중요한 회의를 한 상황을 생각해보자. 회의는 잘 끝났지만 왜인지 당신은 기분이 나빴다. 만약 일이 너무 바쁘거나 내 감정을 알아차리는 것에 익숙지 않다면 내가 기분이 나쁜지도 알아차리지 못하고 다시 밀린 일에 집중하다 괜히 애꿎은 사람에게 날 선 말을 하거나, 퇴근 후 가족에게 짜증을 냈을지도 모른다. 하지만 당신은 기분이 나빴고 조금 더 구체적으로는 민망했으며 화까지 났다는 것을 알아차렸다. 그리고 이 감정들을 실마리로 왜 이런 감정이 들었는지 생각해보았다.

의식적이고 표면적인 이유는 회의 참석자 중 한 명이 당신의 말에 반박을 해서였다. 그럴 만한 일이다. 누군가 나의 의견에 반박하면 기분이 좋지는 않다. 하지만 당신은 회의가 서로의 의견에 동의만 하는 시간은 아니라는 점은 알고 있다. 좋은 회의 결과를 위해 필요한 과정이라고 스스로를 달래서 넘어갈 수도 있다. 하지만 지금 느끼는 감정은 그렇게 넘기기에는 더 크고 복잡했다. 그렇다면 다른 이유가 있을 수 있다. 조금 더 깊이 고민을 해보았더니 상대가 당신의 말을 반박했을 때 당신을 무시한다는 생각이 들었다는 것을 깨달았다. 왜 그런 생각이 들었던 걸까?

일단 회의에서의 일로 상대가 당신을 무시한다고 생각하는 건 과장이라고, 평상시 그 사람이 당신을 무시하지 않았던 증거들을 찾아낼 수도 있다. 그러면 굳이 이유를 찾아낼 필요 없이 지나갈지도 모른다. 혹은 그건 당신의 문제가 아니라 상대방의 태도 문제라고 생각하면 마음이 조금은 풀릴지도 모른다. 그런데 여기서 멈추지 않고 당신의 생각과 관련해서 한발 더 깊게 들어갈 수 있을까? 만약 다른 상황에서 다른 사람을 대할 때도 상대가 당신을 무시한다는 생각이 자주 들었다면 당신의 생각에 원인이 있을 수 있다. '다른 사람이 나를 무시한다'는 생각 속에는 '나는 무시당하는 사람, 깔보게 되는 사람, 가치가 없는 사람'이라는 믿음이 도사리고 있어서일 수도 있다.

이렇게 마음속 깊이 박혀서 웬만해서는 바뀌지 않고 우리 인생에 무수한 영향을 주는 생각의 근원을 핵심믿음이라고 한다. 우리의 핵심믿음은 뿌리와 같다. 건강한 뿌리(핵심믿음)는 튼튼한 가지(생각)로 이어지고, 값진 열매(감정, 행동)를 맺는다. 그 반대도 마찬가지다. 만약 열매가 잘 자라지 않거나 어딘가 삐뚤어진 모습일 때 원인은 뿌리에 있을 가능성이 높다. 당신의 감정과 행동에 영향을 준 생각의 뿌리가 있는가?

나의 감정과 생각을 찾아가는 과정은 나만이 할 수 있는 일이긴 하지만, 문제는 중이 제 머리를 깎기 어렵다는 말처럼 스스로 하기가 만만치 않다는 것이다. 일단 나를 객관적으로 보기가 어렵다. 그리고 사람의 마음이나 상황은 회의실에서의 예시보다 훨씬 복잡한 구조로 되어 있다. 특히 나에게 영향을 강하게 주는 믿음일수록 더욱 마음속 깊숙이 박혀 있어서 찾아내기 어렵다. 하지만 한 번에 찾기 어렵거나 내가 생각한 것이 틀리더라도 감정을 그냥 감정으로만 끝내고 폭발시켜버릴 것이 아니라 그 이유를 찾아가는 습관은 반드시 필요하다. 이 과정은 감정을 잘 조절할 수 있게 할뿐 아니라 나에 대한 이해를 높이는 데 필수적이다.

지금 나의 감정이 어떤가요? 진짜 내 감정을 알기 위해서는 마음의 여유가 필요합니다. 천천히 숨을 쉬고 내가 느끼는 것에 집중해보세요. 그리고 나의 구체적인 감정을 인식해보세요.

긍정적이든 부정적이든 감정 자체에는 죄가 없습니다. 다만 특정한 감정이 유난히 자주 든다면 그 감정을 불러일으키는 생각과 그렇게 만든 뿌리를 찾아갈 필요가 있습니다.

앞에서 떠올렸던 감정들을 만들어낸 생각의 뿌리를 찾아보세요.
자주 느끼는 감정과 그때 내가 주로 하는 생각들은 어떤 것인가
요? 생각들 사이에 공통점이 있나요?

내 생각과 감정을 알고 나면 좀 더 좋은 대안을 찾거나 내 마음을 인정하고 넘어갈 수 있게 된다. 우리는 감정의 노예가 아니다. 어떤 생각, 어떤 감정이 떠오르는 것 자체는 막지 못하더라도 계속 머물러 있을 것인가 벗어날 것인가는 선택할 수 있다. 그 변화를 만들 수 있는 것은 나 자신뿐이다. 가끔 우리는 감정과 생각을 통제할 수 없다고 느낀다. 하지만 그렇지 않다. 다만 익숙해지기 위해 연습이 필요하다.

핵심믿음을 찾아가는 과정에서 내 마음을 들여다보는 일이 늘 유쾌하지만은 않다. 속마음은 보통 그리 아름답지 않으며 인정하기 어렵거나, 인정하고 싶지 않은 것들로 가득 차 있을 수 있다. 그래서 누군가 그 비밀의 공간에 접근해온다면 우리는 들키지 않기 위해 본능적으로 방어하게 된다. 평가받는 분위기에서는 더욱 그렇다. 그렇기 때문에 계속 숨겨두고 싶은 나의 못난 마음을 이해하기 위해서는 그게 어떤 모습이든 일단은 비난하지 말고 수용할 준비가 되어 있어야 한다.

나를 이해하면 보이는 길

∨

학교를 다닐 때는 다들 비슷한 환경에 비슷한 모습에 큰 차이가 없어 보인다. 그런데 진로를 결정할 때 보면 다들 제각각의 선택을 하는데 옆에서 보기에 찰떡같다 싶은 경우도 있고 의외라고 느끼는 경우도 있다. 그러고 나서 한참 뒤에 만나면 비슷하던 사람들이 참 많이 달라져 있는 것을 발견한다. 처음부터 자기 자신에 대해 잘 아는 사람도 있고, 돌고 돌아 자기만의 색깔을 발견하게 되는 경우도 있고 여전히 답을 찾아 헤매는 경우도 있다.

유난히 기억에 남는 강한 개성의 소유자인 M은 자신감이 대단한 사람이었다. M의 성적이 좋은 건 사실이었다. 하지만 다 고만고만한 학생들 사이에서 M의 자신감은 잘난 척 내지는 근거 없는 자신감으로 치부되기 일쑤였다. 이런 M의 태도를 못마땅해하는 사람도 많았고 선배들에게 혼도 많이 났지만 강한 성격의 M은 아랑곳하지 않고 오히려 늘 이곳이 너무 좁고 더 큰 세상으로 나가길 원했다고 했다.

그러다 졸업을 했고 보통 의대를 졸업하면 바로 인턴, 레지던트와 같은 길을 가는데 M은 아무 곳도 지원하지 않았다. 모두가 의아했지만, 알고 보니 M은 미국행을 준비하고 있었다. 미국에서 의사를 한다는 게 결코 쉽지는 않다. 일단 언어의 장벽을 넘어야 하고 미국 의사고시를 합격하고 나서 트레이닝을 받아도 정작 채용이 될지도 미지수다. 하지만 M에게는 딱 맞는 선택인 것 같았다. 똑똑하고 유능한 M이 좋은 의사가 될 것임은 틀림없었지만 동네에 있는 병원의 작은 진료실에서 환자를 보는 모습은 상상이 잘 가지 않았다. 대학에 남기에도 M의 성격은 너무 튀었다. 남다른 길을 택했기 때문에 다른 동기들이 하나둘 자리를 잡을 때 M는 여전히 일할 곳도 정하지 못한 상태였지만, 얼마 전 M의 근황을 들어보니 미국에서 의사로의 삶을 잘 살아가고 있는 듯했다.

N은 학생 때부터 인기가 참 많았다. 성격도 좋고 외모도 훌륭하고 성적도 좋았다. 그런데도 겸손하기까지 해서 N을 싫어하는 사람은 거의 없었고 설령 싫어한다고 해도 오히려 그 사람이 이상하다는 이야기를 들을 정도였다. N은 평판뿐 아니라 성적도 매우 좋았기 때문에 졸업하고 진로를 정할 때 여러 과에서 러브콜이 쏟아졌고, 다른 지원자들은 N의 선택을 피해서 지원하고 싶어 했다. N은 그중 당시에 가장 인기가 좋았던 미용성형의 길을 선택했다. 모두 완벽한 N을 부러워했다.

그러나 몇 년 뒤 N은 다들 가고 싶어 하던 진로를 포기해버렸다. 어떤 일을 하다가 중간에 그만두기란 쉽지 않고 그만둘 때 아마 욕도 많이 먹었겠지만, N의 의지가 강경했던 것 같다. 그리고 N은 기초의학의 길을 선택했다. 지금은 처음의 선택과는 다른 방식으로 환자들을 치료하며 지내고 있다. 가지 않은 길의 미래를 상상하며 아쉬워해봤자 소용없겠지만 적어도 N은 자신의 선택에 후회는 없는 것 같다.

O는 아주 꼼꼼한 성격에 완벽주의였다. 어느 집단에서든 흔히 독사라고 불릴 만한 사람을 상상하면 될 것이다. 노력파였던 O의 노트는 늘 완벽해서 모두에게 도움이 되었다. 그런데 워낙 완벽주의다 보니 자신의 뜻과 다르게 흘러가는 것에 대해서는 잘 참지 못했다. 다른 사람들과 같이 해야 하거나 답이 명확하게 떨어지지 않는 일들을 가장 싫어했다. 아버지가 외과 의사였던 O는 그 길을 잇기 위해 외과를 선택했다. 흔히 말하는 '메이저' 과에 그렇게 학

구적인 O가 간다니 모두 내가 아프면 그 병원에 가야겠다고 할 정도였다.

하지만 한참 뒤 O의 소식을 들었는데, 기대했던 바와 달랐다. 워낙에 완벽주의인 O는 수술을 시작하면 다른 사람보다 두 배의 시간이 걸렸다. 꼼꼼한 성격이 나쁜 건 아니지만 환자 상태가 불안정해서 빠르게 수술해야 하는 경우에도 그러지 못했다. 그리고 자신이 의도하고 예측한 것과는 전혀 다른 돌발적인 상황이 수도 없이 반복되는 수술 환경에서 O는 너무나 스트레스를 많이 받았다. 본인이 애써 잘 수술하고 나서도 수술 후 관리가 잘 안되어 환자 상태가 나빠지는 경우도 있었다. 워낙 사람의 몸과 치료라는 것이 계산된 대로만 흘러가지는 않지만, 특히 상태 변화가 심하고 사망 가능성도 높은 외과는 O의 성격에 잘 맞지 않았고 완벽을 위해 계속된 노력에 O는 더욱 빨리 지쳐갔다.

단순히 어떤 일이 좋고 나쁘다는 이야기가 아니다. 아무리 좋아 보이고 남들이 좋다고 하는 것도 나에게 맞지 않으면 만족감을 느끼기 어렵고 남들이 아무리 좋지 않다, 힘들겠다고 하는 길도 내가 좋으면 최선의 선택이 된다. 특히 직업은 전망이 계속 바뀌기도 하고 이제는 아무리 좋은 직업이라 하더라도 직업 자체가 성공을 의미하는 시대는 아니다. 그보다는 얼마나 잘할 수 있느냐에 따라 결과가 천차만별이다. 잘하기 위해서는 내가 좋아하는 것, 남들보다 잘할 수 있는 것을 선택해야 하고 이를 찾는 것이 성공의 지름길이자 스스로 만족하고 행복감을 느낄 수 있는 최선의 방법이다.

여기서는 직업을 이야기했지만 직업만이 아니라 인생의 모든 크고 작은 부분들에서도 마찬가지일 것이다. 특히 누군가를 만나서 결혼하고 아이를 낳고 집을 구하는 등 삶의 큰 결정을 내려야 할 때 내가 나에 대해 잘 알고 있으면 주변의 의견이나 상황에 의지하지 않고 온전히 내 마음을 따라갈 수 있다. 그래서 우리는 그 어떤 공부보다 나 자신에 대한 공부가 필요하다.

포기일까, 전략 변경일까?

어떤 일을 하다가 벽에 부딪쳤을 때 우리는 더 강하게 밀고 나갈지, 가만히 버틸지, 포기하고 방향을 돌릴지 고민한다. 이 고민은 끝날 수가 없는데, 왜냐하면 당장은 뭐가 맞는지 알기 어렵기 때문이다.

요즘은 인생을 '소'처럼 사는 게 아니라 '게임'처럼 사는 사람을 많이 본다. 게임은 하다가 잘 안 되면 캐릭터를 바꾸거나 세팅을 바꿀 수 있고, 이도 저도 안 되면 다시 시작할 수도 있다. 이런 방식에 익숙해서 삶도 그렇게 마치 없던 일처럼 언제고 다시 시작할 수 있다고 믿는다. 버티는 건 미련하다고 여겨지기도 한다. 사회 흐름이 그렇기도 한 것 같다. 수명이 길어지고 '평생직장'이 불안해지면서 제2의 인생을 찾아야만 했고 이제는 빠른 나이에 경제적 자립을 한 뒤 은퇴하려는 사람을 뜻하는 '파이어족'이라는 말이 유행한다. 어떤 사람들은 누구나 들어가기 원하는 직장을 과감하게 그만두고 자신만의 삶을 즐기기 위해 제주도에 내려가 카페를 운영하기도 한다. '부캐(부 캐릭터, 주된 나의 모습이 아닌 부수적인 모습)'가 유행하고 직장인이 저녁에는 유튜브를 운영하거나 의사가 웹툰을 그리기도 한다. 그러다가 부캐가 더 성공을 거두는 경우도 많다. 한 우물 파기보다 다양한 능력이 각광받는 것이다.

물론 모두가 만족스러운 결과를 얻지는 못한다. 운이 좋았거나 준비를 잘 한 누군가는 성공하지만 누군가는 그러지 못한다. 대책 없는 포기가 아니라 대책 있는 전략 변경이 되기 위해서는 나 자신과 상황에 대해 정확히 알아야 한다. 현재 상황에서 내가 힘든 부분, 벗어나고 싶은 이유, 궁극적으로 도달하고 싶은 모습, 무엇보다 내가 가진 능력에 대해 객관적으로 알아야 선택의 장·단기적 결과를 예측할 수 있다. 그냥 힘들고 싫어서, 책임지고 싶지 않아서 쉽게 포기하는 방법만 계속 선택해버리면 나중에 더 곤란한 상황에 처할 수도 있다. 포기가 거듭되면 더 이상 남은 선택지가 없는 상황이 온다. 우리 삶은 게임처럼 무한대로 다시 시작할 수 없다. 어떤 것은 힘들어도 해야 하고 어떨 때는 막막해도 버텨야 한다.

어떤 선택이 옳았는지는 많은 요인들이 작용하고 한참 뒤에나 알 수 있을 것이다. 하지만 내 선택이 포기였는지 전략 변경이었는지 결정하는 것은 선택 자체가 아니라 선택한 이후에 내가 어떻게 하느냐다. 내가 스스로 선택했으니 끝까지 해보려는 의지만 있다면 설령 잘못된 결정이거나 험난한 과정이라고 하더라도 가다 보면 또 다른 새로운 길이 열리고, 결국에는 나를 좋은 결과로 이끌 것이다.

내가 보는 나와 남이 보는 나 사이
괴리감 해결하기

당신은 어떤 사람인가? 사람마다 모습이 다양할 뿐 아니라 한 사람 속에도 수없이 많은 모순적인 면이 있기 때문에 '나는 어떤 사람이다'라는 확신을 가지기는 참 어렵다. 대부분은 이랬다저랬다 한다. 자신에 대한 확신을 가지고 있어도 주변에서는 전혀 다르게 보는 경우도 있다. 유명한 코미디언이나 연예인이 자기 자신을 내성적이라고 표현할 때 사람들은 깜짝 놀란다. 여우 같은 행동으로 입방아에 자주 오르는 친구가 본인이 곰 같아서 걱정이라고 하면 무엇이 맞는지 혼란스러워진다.

내가 생각하는 나와 다른 사람이 보는 내가 조금 차이가 나는 것은 당연하다. 하지만 완전히 똑같을 수는 없더라도 어느 정도 비슷하다면 혼자 있을 때도 누군가와 함께 있을 때도 편안함을 느낄 수 있다. 억지로 꾸민 행동을 하지 않아도 되니 자연스럽다. 반면에 자신만 알고 있는 나의 모습이 남들이 보는 모습과 아주 차이 나면 무엇이 진짜 내 모습인지 혼란스럽고 부적절감을 느낀다.

연예인들의 기사에 심한 악성 댓글을 써서 경찰에 출두한 사람들의 대부분은 평범한 직장인들, 평범한 학생들이었다. 한때 익명 음란채팅방이 문제가 되었을 때 생각지도 못했던 주위의 평범한 인물들이 거기에 포함되어 있었다며 놀라는 사람도 많았다. 가까운 사람조차도 몰랐던 모습이 드러난 것이다. 누구에게나 사생활은 존재하고 존중되어야 한다. 그러나 그 사생활이 사회적 지탄을 받거나 법적인 문제를 일으킬 수 있는 경우 설령 들키지 않고 아무도 모른다고 하더라도 자기 자신만은 알고 있기 때문에 떳떳할 수가 없고 늘 불안하다.

내가 생각하는 나의 모습이 타인이 보는 나의 모습보다 부정적인 경우에는 본모습을 숨기기 위해 눈치를 보고 꾸민 행동을 하게 된다. 반사회적 성격장애가 있는 사람이라면 그게 아무렇지 않고 오히려 이중 생활을 즐길지도 모르겠지만 대부분의 보통 사람은 그러지 못한다. 자기 자신의 어두운 면을 누구보다도 스스로 잘 알고 있기 때문에 다른 사람에게 인정을 받거나 칭찬을 들어도 곧이듣지 못한다. 오히려 그런 칭찬이 더 불편하게 느껴지고 진짜 나를 몰라서 그런다고 생각한다. 괴리감이 점점 커지면서 누가 내 본

모습을 알까 두렵고, 알 것 같은 사람이 있다면 피하게 된다. 만약 자신에게 정말 좋은 점이 있다고 하더라도 그 좋은 부분마저 평가 절하한다. 당연히 자존감이 낮아질 수밖에 없다. 계속 자신의 밝은 면을 부정하다 보면 점점 어두운 면이 강해지게 된다.

반대로 타인이 보는 내 모습이 부정적이라고 느끼는 경우에는 자신이 부당한 대우를 받고 있다고 억울해하거나 왜곡된 자기연민에 빠질 수 있다. 세상이 나를 몰라준다는 생각에 늘 화가 나 있다. 과도하게 자신에게 긍정적인 경우에도 비슷한 일이 일어날 수 있다. 극단적인 형태로 자기애성 인격장애(나르시시스트)나 과대망상 (자신의 능력, 외모, 가치 등을 현실적 사고와 맞지 않는 정도로 높게 믿고 있는 경우)이 있는 경우 자신의 능력을 비이성적으로 과도하게 높게 평가하고, 그에 걸맞은 대우를 받아야 한다고 생각하기 때문에 늘 상대의 시선이나 대접과 불협화음이 생긴다. 그럴 때 겸손해지거나 자신의 생각을 바꾸는 것이 아니라 상대를 탓하며 자신을 대우해주지 않는 것에 화를 낸다.

내가 생각하는 나

⌄

우리는 스스로를 어떤 사람이라고 생각하고 있을까? 가장 먼저 떠오르는 내 모습은 다른 사람들이 알고 있는 모습인 경우가 많다. 의식적이고 표면적인 나의 모습이다. 그런데 다시 나라는 사람에 대해 조금 더 깊이 생각해보면 남들이 알지 못하는 내 모습이 하나씩 떠오른다. 평상시 자주 의식하지 못하고 있던 모습일 수도 있고 숨기고 있던 모습일 수도 있다.

조금 더 깊이 들어가서, 내가 생각하는 나의 모습은 내가 겪는 여러 상황들에 대한 대응(생각하고 느끼는 것, 행동하는 것)을 스스로 관찰한 결과다. 그런데 아주 객관적인 관찰이라기보다는 내가 가지고 있는 여러 가지 기준에 나 자신을 끊임없이 비교하는 과정이 포함된다. 예를 들어 내성적인 사람은 보통 어떤 행동을 하는데(어떤 행동을 한다고 배웠는데) 나는 이렇게 행동하고 있으니 내성적이라는(혹은 내성적이지 않다는) 평가를 스스로 내린다. 그런데 사람이 늘 똑같은 행동을 하는 것도 아니고 무엇보다 기준도 저마다 다르기 때문에 꼭 내 생각이 정답은 아니다.

어느 정도는 나라는 사람에 대한 인식을 가지고 있는 것이 중요하다. 그게 없을 수는 없다. '나는 어떤 사람이다'라는 인식이 중요한 이유는 그것이 우리의 행동 방식을 만들고 궁극적으로는 삶의 중심축 역할을 하기 때문이다. 그러나 앞서 말했듯 정답이 없는 문제다 보니 어떤 기준을 가지고 어떻게 인식하느냐 하는 부분이 중요하다. 자신을 '말썽꾸러기, 문제아'로 생각하고 있는 아이는 더 쉽게 문제 행동을 한다. 왜냐하면 문제아는 문제 행동을 하는 것이 당연하기 때문이다. 아이만 그런 게 아니다. 성인도 마찬가지다.

자신을 '친구가 없는 사람'이라고 생각하던 사람이 있다고 하자. 그렇게 생각하게 된 이유는 중학교 때 겪은 따돌림 때문이었다. 힘들었던 시간은 우리 삶에 여러 가지 흔적들을 남기게 되는데 그중 하나가 자신에 대한 인식이다. 중학교를 졸업하고 수년, 수십 년이 지나면서 분명 다른 경험들도 있겠지만 한번 새겨진 인식은 쉽게 변하지 않는다. 자신에 대한 뿌리 깊은 생각은 새로운 사람을 만나고 관계를 맺을 때마다 영향을 미치고, 과거와 비슷한 상황이 되면 '역시 나는 그래'라며 더욱 강해진다. 친교의 기회를 피하게 되고 대인관계에 자신이 없어진다.

부정적인 인식만 행동에 영향을 주는 것은 아니다. 긍정적인 인식은 더 긍정적인 결과를 불러올 수 있다. 반대로 스스로 사람들에게 인기가 많다고 생각하는 사람은 새로운 사람을 만날 때 자신도 모르게 자신감과 여유가 넘칠 것이다. 스스로를 친절하다고 생각하는 점원은 손님을 대할 때 자연스럽게 친절하게 대한다. 그러면서 동시에 친절한 자신의 모습을 스스로 인식하게 되고 나는 친절하다는 생각이 점점 더 강화된다.

그러면 이제 스스로를 어떻게 바라보아야 할지 어느 정도 감이 올 것이다. 중요한 것은 현재의 나에 대한 이해가 전혀 없이 그저 되고 싶은 모습을 상상하라는 것이 아니라 나에 대한 인식을 아주 살짝만 긍정적인 방향으로 바꾸는 것이다. '나는 친구가 없다' 대신에 '나는 사람과 신중한 관계를 맺는다' 혹은 '나는 사람을 만날 때 소신이 있다'처럼 얼마든지 새로운 표현을 할 수 있다. 아 다르고 어 다른 법이다. 비슷한 표현인데도 원래의 표현을 들을 때보다 훨씬 더 가슴이 쭉 펴지는 것 같은 느낌이 들지 않는가?

나에 대해 부정적인 인식이 너무 많다면 나를 한번 돌아볼 필요도 있겠지만 내가 가지고 있는 기준에 대해서도 생각해볼 필요가 있다. 앞서 자신을 인식하는 데는 각자가 가지고 있는 '기준'이 중요한 역할을 한다고 했다. 기준이 엄격할수록 나에 대한 인식은 가혹해진다. 과제나 업무 등 해야 할 일들만 제때 해도 스스로를 부지런하다고 생각하는 사람이 있는 반면 늦어도 새벽 여섯 시에는 일어나야 하고 본업은 기본에 자기계발, 다른 가족 돌보기까지 하면서도 어느 날 너무 피곤해서 설거지를 한 번 미루었다는 이유로 자신이 게으르다고 생각하는 사람도 있다. 너무 엄격한 기준을 가지고 살아서 늘 내가 별로 훌륭하지 않은 사람인 것 같았다면 기준을 조금 느슨하게 낮춰보자. 대부분의 사람들은 생각보다 스스로에게 그렇게 엄격한 기준을 적용하며 살지 않는다. 남이 나에게 야박하게 해도 조금 봐달라고 할 마당에 나까지 굳이 나에게 그렇게 엄격할 필요가 있을까?

남이 생각하는 나

ᐯ

사회적 역할을 다하고 다른 사람들과 더불어 살기 위해서는 나에 대한 스스로의 인식도 중요하지만 다른 사람이 나를 어떻게 느끼는지도 늘 염두에 두어야 한다. 여럿이 함께 사는 사회에서 다른 사람들과 함께 있을 때 혼자만 있을 때보다 조금 더 신경 쓴, 어느 정도는 꾸민 행동을 하는 것은 당연하다. 그게 바로 사회적 행동이다. 막무가내의 거친 모습을 여과 없이 드러내는 사람보다는 세련

나에 대해 더 잘 알기 위한 질문들 I

당신을 표현하는 형용사를 적어보세요. 처음에는 생각이 잘 나지 않거나 비슷하고 뻔한 것만 떠오를 수도 있습니다. 하지만 천천히 깊게 생각해보면 당신을 표현하는 여러 가지 단어들을 떠올릴 수 있을 것입니다. 일관될 수도 있고 어쩌면 서로 모순될 수도 있습니다. 어떤 것이든 상관없습니다. 떠오른 단어에 대해 판단하지 않고 나의 모습으로 받아들이는 과정이 중요합니다.

그렇다면 혼자 있을 때 당신은 어떤 사람인가요? 아무도 없는 곳에 있다고 상상하고 그때 나의 모습을 적어보세요. 온전한 나의 시선은 아닐 수도 있습니다. 다른 사람의 시선과 판단을 통한 나를 보는 것이지요. 지금은 나만이 알고 있는 나에 대해 생각해보세요.

— • NOTE • —

나에 대해 더 잘 알기 위한 질문들 II

다른 사람과 함께 있을 때 당신은 어떤 사람인가요? 남들은 당신
을 어떻게 생각하고 있을지 적어보세요. 관계 속에서의 내 모습은
혼자 있을 때의 내 모습과 비슷할 수도 있고 차이가 있을 수도 있
습니다.

내가 보는 나의 모습과 다른 사람이 보는 나의 모습은 어떤 차이가 있나요? 어느 정도 차이가 있는 것은 당연하지만 너무 다르다면 왜 그런지 이유를 생각해볼 필요가 있습니다. 나는 하나인데 전혀 다른 두 개의 모습으로 살아가기에는 너무 힘들기 때문입니다.

되게 표현하는 사람에게 당연히 더 호감이 간다. 나를 위한 것이기도 하지만 동시에 상대에 대한 배려이기도 하다. 다른 사람들에게 온갖 이기적이고 못된 행동을 하면서도 스스로는 자신을 착하다고 믿는 사람이 얼마나 주변 사람을 힘들게 하는지 겪어본 사람은 다 알 것이다.

대부분의 사람들, 특히 어릴 때부터 사회적인 행동에 대해 강조하는 교육을 받아온 사람들은 내가 보는 나보다 남이 보는 나를 더 의식하며 산다. 우리나라는 유교 문화이기 때문에 아주 먼 옛날부터 개인의 자유보다는 공동체 의식을 강조해왔고, 체면이나 보이는 것을 중요시했다. 나를 드러내고 튀기보다 조용히 체제에 순응해야 살아남았던 시절도 있었기 때문에 그때는 진짜 내 모습을 숨기고 사회적인 모습만으로 살아야 했을 것이다.

요즘은 과거에 비해 많은 부분들에서 자유로워졌고 그만큼 주변을 덜 의식하는 것 같다. 하지만 그렇다고 하더라도 사람이 본능적으로 남들 앞에서는 조금 더 정제되고 좋은 행동을 하는 건 어쩔 수 없다. 이렇게 타인의 눈에 비쳐지는 내 모습을 잘 알고 조금 더 좋은 평가를 받기 위해 행동을 조절하는 것을 다른 말로 사회적 기술이 좋다고 표현할 수도 있다. 보통은 그런 사람들이 인기도 많고 회사에서 승진도 잘 된다.

하지만 이게 너무 지나치면 내가 보는 나와 남이 보는 나 사이에 괴리감이 생긴다. 특히 내가 나에 대해 잘 모르고 남에게만 잘 보이려고 애쓰다 보면 내가 무엇을 하고 있는지 불분명해지고 어색해지고 만다. 스스로 혼란스러워지는 것이다. 게다가 타인을 만족시키기란 쉽지 않기 때문에 내가 왜 그랬을까, 왜 이렇게밖에 못하나 자책하는 일이 자주 생긴다.

성공적으로 남들에게 좋은 모습으로 비쳐지고 있더라도 남들이 보는 내 모습이 진짜 내 모습이 아니라는 생각은 '진짜 내 모습을 들키면 어쩌지' 하는 두려움으로 이어진다. 그런 두려움이 가장 심한 주체는 연예인, 유명인일 것이다. 대중이 원하는 이미지를 보여주어야 하는데 그게 실제의 모습과 같을 수도 있지만 다를 수도 있다. 사실 어느 정도는 당연히 다르다. 그런데 요즘은 일반인들도 SNS, 개인방송 등을 통해 유명인이 되는 경우가 흔하다. 이 경우에는 대중에게 보여주는 이미지와 실제 자신의 경계가 모호해진다. 그리고 유명세에는 타인의 평가와 시선이 반드시 세트처럼 따라오기 마련이다.

아무리 자아가 강한 사람이라고 하더라도 남이 보는 내 모습에서 완전히 자유로울 수 있는 사람은 없다. 점점 더 사람들을 많이 의식하다 보면 '나'라는 사람을 생각할 때 내 의견보다 남의 의견의 비중과 중요도가 더 커지고 진짜 내 생각, 나의 욕구는 잃어버릴 수 있다. 내가 어떤 사람인지 혼란스러워지고, 열심히 살아가고 스스로의 힘으로 성과를 냈음에도 불구하고 마치 거짓된 삶을 살고 있는 것처럼 느껴진다. 혼자만의 시간을 가질 때 혹은 어느 순간 인기가 사라지고 대중들에게 더 이상 내 모습을 보여주지 않을 때 진짜 내 모습을 찾아가야 하는데, 문득 돌아보니 어느 새인가 내 모습을 잃어버리고 만 것이다. 누가 보아도 화려하고 부러워할 만한 삶을 살고 있는 유명인들에게 우울, 불안, 불면이 많은 이유다. 게다가 타인의 평가에는 크든 작든 기대 요소가 들어 있다. 그 기대에 맞추지 못하면 열광은 금세 비난으로 바뀌고 만다. 그래서 더욱 타인의 긍정적인 평가에 집착하는 악순환에 빠지게 된다. 이는 비단 연예인뿐 아니라 사람들과 관계를 맺고 사는 우리 모두에게 해당되는 이야기다.

사람들을 대할 때 반드시 기억해야 할 것은 내가 만나는 사람들은 하나의 인격체가 아니라는 점이다. 세상은 정말 다양한 사람들로 이루어져 있고 그들 각각의 가치관과 선호는 전혀 다르다. 어떤 사람들을 만족시키기 위해서는 어쩔 수 없이 다른 사람들의 마음에 들지 않아야 한다. 내가 무언가를 하거나 나에게 어떤 변화가 일어났을 때 호응을 받거나 비난을 받는 것이 내가 잘하고 못해서라기보다 그냥 각기 다른 사람들이 서로 다른 의견을 보이기 때문일 수도 있다. 타인의 시선으로 인해 힘들고 굴레에 갇혀 있다는 생각이 들 때 이를 기억하면 조금은 더 자유로워질 수 있지 않을까.

나도 모르고 남도 모르는 내 모습을 찾아서

∨

당신은 당신 자신을 어떤 사람이라고 생각하며 살고 있는가? 우리는 자신의 시선과 타인의 시선을 통해 나라는 사람에 대한 정의를 내린다. 그런데 사람은 아주 다양한 면을 가진 존재임에도 가끔 우리는 작은 틀 속에 내 모습을 규정짓고 그게 나라고 믿으며 살아가기도 한다.

　내 이야기를 잠깐 하자면, 나는 늘 내가 너무 안정지향적이고 도전정신이 없다고 생각하며 살아왔다. 물론 그게 내 모습인 것은 맞다. 그런데 어느 날 딸이 나에게 '권도전'이라는 별명을 지어주었다. 이유를 물어보자 도전을 하니까 권도전이란다. 아마도 어린 아이의 별 뜻 없는 말이었겠지만 문득 '내가 정말 그런가?' 하고 곰곰이 생각해보니 또 어느 정도는 나에게 그런 면도 있었다. 혼자 배낭여행을 가거나 아르바이트를 하거나 대책 없이 들이댄 적도 있었다. '나는 이렇다'고 굳어진 내 생각 때문에 이런 경험들이 빛을 보지 못한 것이다.

　우리는 '나는 이런 사람이야'처럼 나를 규정짓는 말이나 생각을 얼마나 자주 하고 있을까? 그런데 가만히 생각해보면 아닌 것도 많다. 우리가 착각하는 이유는 다양하다. 나에 대한 고정관념이 너무 강해서, 내게 적용하는 기준이 너무 엄격해서, 혹은 내가 해낸 것을 알아차리지 못해서 등등.

　나를 이해하고 잘 아는 것은 중요하지만 나라는 사람에 대해 이렇다고 단정 짓지는 말아야 한다. 왜냐하면 나의 삶이나 경험에 제한을 두게 되기 때문이다. 자신과 타인에 대해 가지고 있는 '나는 어떤 사람, 저 사람은 어떤 사람'이라는 고정관념을 깨기란 아주 어려운 일이다. 조용하고 내성적이었던 아이가 누구보다 끼 넘치는 코미디언이 되거나, 학교에서 문제아 취급을 받던 학생이 커서 훌륭한 학자가 되기까지는 목표에 도달하기 위해 해야 하는 보통의 노력들에 더해서 자신에 대한 고정관념을 깨는 과정도 필요했을 것이다.

'나는 어떤 사람'이라는 이미지는 스스로 했던 말과 행동의 결과지만, 어느 순간에는 그것을 깨야 한다. 과거가 거짓이었거나 현재가 거짓이기 때문이 아니라 사람은 그렇게 변화하고 나아가는 존재이기 때문이다. 평생을 하나의 모습으로 살 수는 없다. "네가?" "걔가?"라는 타인의 시선과 '내가 할 수 있을까?'라는 자신의 마음을 극복해야 한다. '나는 어떤 사람이야, 너는 어떤 사람이야'라는 무언의 굴레는 내가 원해서 만들어진 것이 아닐 수도 있다.

누구나 자신을 위해 변화해야 하는 순간을 한 번은 맞닥뜨린다. 나에게 없던 것이 생기는 변화가 아니라 내가 가지고 있지만 미처 몰랐던 어떤 면을 새로 발견하는 변화다. 싫다는 소리 한 번 하지 못하고 꾹꾹 참기만 했던 며느리가 이번 명절에는 아프신 부모님을 위해 친정에 먼저 가고 싶다고 자기주장을 해야 하고, 남에게 지시만 받고 남의 말을 듣기만 하던 직원이 높은 자리로 올라가면서 이제는 지시를 내리고 프로젝트를 지휘하는 위치가 된다. 평생 살가운 소리 한 번 하지 않던 무뚝뚝한 남편이 삶의 위기를 겪으면서 가족의 소중함을 깨닫고 자상한 남편이 되고, 엄격한 부모에게 휘둘리고 스스로 할 수 있는 것이 없던 자녀가 나이를 먹어 이제는 독립된 성인임을 보여주어야 한다.

변화해야만 하는 이때, 나를 규정하는 틀에 사로잡혀 그것을 깨뜨릴 용기가 부족하거나 주변의 시선과 기대에 굴복해버리면 '에이, 내가 그렇지 뭐' 하고 다시 주저앉고 만다. 무엇보다 내가 더 나은 모습이 될 수 있음을 스스로 믿어야 한다. 이는 누가 대신해줄 수 없다. 오직 나만이 할 수 있는 일이다.

헤르만 헤세의 소설《데미안》에 "새는 알에서 나오려고 투쟁한다"라는 구절이 있다. 새는 알을 깨고 나와야 한다. 힘들어서, 귀찮아서, 두려워서 알을 깨고 나와야 하는 순간에 나오지 못한다면 그 새는 살 수 없다. 내 인생에서 알을 깨고 나와야 하는 순간, 용기를 내어 스스로를 규정짓던 나와 타인의 시선을 깨고 나왔을 때 비로소 내 인생은 다음 챕터로 넘어갈 수 있다.

어느 날 갑자기 나의 모든 문제가 사라진다면?

지금과는 다른, 새로운 내가 되기 위해 누구나 한 번쯤은 지금 내가 있는 곳, 처한 상황을 훌쩍 떠나는 상상을 해본 적이 있을 것이다. 나를 아는 사람이 아무도 없는 곳에서 완전히 새롭게 시작하는 상상 말이다.

나도 지금의 내 모습이 참 싫었던 적이 있다. 그런데 달라지고 싶어도 어디서부터 시작해야 할지, 무엇을 어떻게 바꿔야 할지 알수가 없었다. 구체적으로 어떻게 달라지고 싶은 건지도 알 수 없었다. 내가 만들어놓은, 타인이 만들어놓은 그물에 걸린 것 같은 기

나의 인생은 어디로 나아가고 있을까?

당신은 어떤 모습이 되고 싶나요? 당신이 바라는 모습은 지금의
당신 모습과 비슷할 수도 있고 다를 수도 있습니다. 내가 되고 싶
은 모습을 구체적으로 그려보면 그 모습을 현실화하는 데 도움이
됩니다.

분이었다. 혼자 한 달 정도의 여행을 하면서 속으로 다짐했다. 아는 사람도 없고 모든 게 새로운 곳에서 지금까지의 나와 완전히 다른 모습이 되어보자. 그런데 시간이 지나면서 결국은 전과 비슷하게 행동하고 느끼는 나를 발견했다. 장소나 주변 사람이 문제가 아니었다. 결국은 내가 바뀌어야만 했다.

외부적인 상황보다 중요한 건 우리 마음이다. 그런데 이 마음이라는 게 가만히 보면 참 비논리적이다. 어떤 날에는 세상이 어쩌면 이렇게 나에게 냉정하고 차가운지 조그만 것 하나 그냥 봐주거나 공짜로 주지 않는 것 같고, 온갖 애를 쓰고 애걸복걸해야 겨우하나 얻게 되나 싶다가도 어떤 날에는 이렇게 내 의지로 걸을 수 있고 볼 수 있고 살아 있다는 것 자체가 참 감사한 일이다 싶다. 그사이에 내 상황이 크게 바뀐 것도 아닌데 마음을 어떻게 먹느냐에 따라 내 처지가 180도 바뀌어버린다.

정신과 치료 중에 이런 치료법이 있다. 다음과 같이 상상을 해보는 것이다.

너무 힘든 시기를 보내고 있던 당신은 어느 날 밤 조용히 앉아 당신이 믿는 신에게 기도했다. 그리고 정말로 신이 나타나 당신에게 말했다. "그동안 너는 너무 많이 힘들었고 고생이 참 많았다. 이제 너의 문제들은 모두 사라졌다. 내일 아침 네가 눈을 뜬 그 시점부터 너를 괴롭히던 것들은 모두 사라지고 없을 것이니 네가 그토록 원하고 바라는 삶을 살아라." 그리고 다음 날 아침 눈을 떴을 때 당신은 정말로 모든 문제들이 사라졌다는 것을 깨달았다. 문제가 사라진 당신은 어떻게 살 것인가?

나를 괴롭히고 있는 문제가 사라진 상태의 나는 어떤 모습일까? 어떤 생각을 하고 어떤 행동을 하고 어떻게 느끼며 어떤 삶을 살고 있을까? 이는 문제 해결적 방식의 치료다. 이름과는 반대로 문제 자체나 해결 방법에 집중하는 것이 아니라 그 너머 삶에 집중하는 것이다. 이 치료 방법은 문제가 없어진 상태를 상상하지만 문제가 없어져야 행복해질 수 있다는 뜻이 결코 아니다. 오히려 그 반대다. 문제가 여전히 존재하고 있어도 내 마음에 따라 행복할 수 있다는 사실을 깨닫게 되는 것이다.

사실 어떤 문제들은 해결하기 어렵다. 나와 상관없는 외부 요인으로 발생한 일이나 과거의 트라우마 같은 문제라면 더욱 그렇다. 나에게 상처를 주었던 상대가 옆에 없거나 이 세상 사람이 아닐 수도 있다. 그러면 해결할 수 없으니 평생 힘들어해야만 하는 걸까? 결코 그렇지는 않다. 문제가 있다고 해서 내가 행복하지 말라는 법은 없다. 어떤 문제는 해결할 수 없을 뿐 아니라 해결한다고 해도 그와 비슷한 일은 얼마든지 또 일어날 수 있다. 문제가 없어진다고 자동으로 행복해지는 것도 아니다. 내가 겪는 문제와 행복은 분명 관련이 있기는 하지만 동일한 의미는 아니다. 결국엔 내 마음이 달라져야 한다.

문제 해결적 치료는 마치 최면에서의 암시와도 비슷하다. 내가 스스로 강하게 믿는 만큼 효과가 있다. '이게 뭐야, 이런다고 해결이 돼?'라고 생각하면 별로 효과가 없다. 그래서 이 방법이 성공적이려면 문제가 해결된 이후 나의 모습을 아주 구체적으로 그려보아야 한다.

당장 눈을 떴을 때 어려움이 사라진 나는 어떤 느낌일까? 내 피부에 와 닿을 공기의 느낌, 햇살의 느낌을 상상해본다. 내 마음은 어떨까? 그리고 자유로워진 나는 무엇을 가장 먼저 할 것인가? 무엇을 먹고 어떤 옷을 입고 어떤 표정을 지으며 누구를 만나고 어떤 대화를 나누게 될까? 어떤 하루를 보내고 어떤 모습으로 잠에 들게 될까? 그리고 이런 매일이 모여 어떤 미래를 계획해나갈 수 있을까? 하나하나 아주 세밀하게 생각해본다. 그렇게 변화한 내 모습이 정말 현실적으로 다가올 수 있도록 말이다.

그리고 다음 날 아침 눈을 떴을 때 당신에게 정말로 그런 마법 같은 일이 일어나 있다. 당신은 이제 상상한 그대로의 삶을 살면 되는 것이다.

완벽하지 않아도, 엉망진창이어도

내 모습을 이해하고 내 마음을 알기 위한 이 모든 과정의 이유는 문제를 찾아내고 나 때문인지 남 때문인지 원인을 따져서 뜯어고

지금 나를 괴롭히는 문제가 있나요?

지금 가장 먼저 떠오르는, 나를 가장 괴롭히는 일에 대해 생각해보세요. 어떤 느낌이 드나요? 무거운 돌처럼 나를 짓누르는 느낌일 수도 있고 엉킨 실타래처럼 어디서부터 풀어야 할지도 모르겠고 아무리 풀어도 끝이 없는 느낌일 수도 있습니다. 구체적으로 적어보세요.

마법이 일어나 내일 아침이면 나를 괴롭히던 문제가 사라져버립니
다. 그때 나의 모습은 어떨까요? 어떤 느낌이 들까요?

치기 위해서가 아니다. 결국에는 마침내 '나는 괜찮다'라는 사실을 깨닫기 위해서다.

우리는 완벽하지 않고 우리의 관계도 완벽하지 않다. 이것을 인정하는 데는 용기가 필요하다. 그리고 이러한 완벽하지 않음이 현재의 핑계나 변명이 아닌 변화의 시작이 되기 위해서는 더 큰 용기가 필요하다. 누구나 답이 없다고 느껴지는 순간들이 있다. 모든 게 엉망진창인 것 같고 제대로 살고 있지 못한 것 같을 때 말이다. 그럴 땐 그냥 다 집어치우고 싶어진다. 포기하고 싶은 마음과 포기할 수 없는 마음 사이에 갈팡질팡하며 나는 왜 이럴까 끊임없이 고민한다.

그런데 오히려 이렇게 느끼는 게 당연하다고, 완벽하지 않거나 흔들려도 괜찮다고 생각하면 역설적으로 포기하지 않을 수 있다. 사람을 진짜로 무너뜨리는 건 외적 시련이 아니라 내적 시련이다. 왜 나만 이렇게 힘들까, 나는 왜 이따위일까 하는 생각들 말이다. 오히려 외부의 시련을 맞을 때는 단단하게 의지를 다잡던 사람도 이런 생각들 앞에서는 하염없이 무너지고 만다.

포기하지 않는 힘, 어려워도 꿋꿋이 버티는 힘. 우리는 어디서 이 힘을 얻을 수 있을까? 사실 태어나는 순간부터 우리는 살아갈 힘을 가지고 태어났다. 단지 기억을 못할 뿐이다. 우리는 모두 생명이 만들어진 순간부터 1등을 한 존재이고 많은 위기들을 겪으면서도 차근차근 준비하며 때를 기다렸다. 세상에 나오는 순간에는 얼마나 용을 쓰면서 나오는지 출산을 한 번이라도 본 사람은 아기의 그 강한 생명력을 잊기 어려울 정도다. 설령 태어나고 나서는 단 한 번도 열심히 살아본 적이 없다고 하더라도 태어났다는 사실만으로도 나에게는 이미 이겨낼 힘이 있다는 뜻이다. 그런데 우리는 자주 이 사실을 잊고 산다.

만약 지금 아무것도 할 수 없다고 느낀다면 내가 가지고 있는 힘을 잠깐 잊어버린 것뿐이다. 힘들 땐 누구나 그렇다. 아무리 강하고 완벽해 보이는 사람도 마찬가지다. 완전히 무기력해질 수 있다. 다리가 부러지면 앞으로는 절대 걸을 수 없을 것 같고, 하다못해 심한 감기만 걸려도 너무 힘들어서 내 몸이 괜찮았던 시절이 기억도 안 난다. 도저히 나아질 것 같지가 않다. 그런데 아픈데도 계속 일을 하거나 뛰어다니면 진짜로 병이 더 심해진다. 별것 아니었던 작은 병도 합병증이 생겨 큰 병이 되어버린다. 하지만 아프니까 무리하지 말고 치료를 받고 건강을 챙기다 보면 시간이 지나면서 몸이 점점 나아지고, 완벽히 낫지는 않더라도 최소한 더 나빠지지는 않는다. 우리 마음도 다르지 않다. 좌절과 고통 속에서 버티려면 아프고 힘든 나를 인정해야 한다. 부족하고 어려운 건 너무 당연한 일이니 괜찮다고 스스로에게 말해주어야 한다. 그리고 나아질 수 있다고 말이다.

살아오면서 내가 어쩔 수 없었던 어려움은 나의 선택도 책임도 아니다. 그런 걸로 너무 자책해서는 안 된다. 하지만 지금 내가 할 수 있는 것을 하지 않는다면 나의 책임이다. 만약 지금이라도 변화시킬 수 있는 부분이 있다면 변화시키고, 해결할 수 있는 부분이 있다면 해결하자. 하지만 그럴 수 없는 것에 대해서는 이해하고 넘어가야 한다. 나를 조금 더 편안하고 나아지게 하는 것도 나의 책임이다. 마음속 해결하지 못한 어려움들은 누구에게도 말하지 못한 이야기나 떠올리기 힘든 기억일 수도 있고 꼭꼭 숨기고 싶은 나의 잘못일 수도 있다. 크든 작든 그런 부분이 없는 사람은 아무도 없다. 상담을 하다 보면 모두가 왜 나만 이런지 묻지만 생각보다 많은 사람들이 비슷한 고민을 가지고 있다. 내가 한 실수나 잘못은 남들도 한다.

만약 너무나 힘든 일을 겪었다면 그럼에도 살아가고 있는 자신을 대견하게 여겨야 한다. 세상에는 논리적이지 않은 것도 많고 이유가 없이 일어나는 일들도 있다. 아무도 이해할 수 없는 나만의 어려움도 있다. 마음 여기저기에 반창고를 가득 붙인 내 모습을 바라보자. 결코 완벽하지 않은 나, 괜찮다. 가끔은 괜찮지만 그보다 더 자주는 엉망진창인 나도 괜찮다. 지금 당장 우리가 해야 하는 일은 나를 이해하고 아끼는 것, 그뿐이다. 그리고 조금은 홀가분해진 마음으로 내가 할 수 있는 최선을 다해서 살면 된다.

* * *

세상에는 어쩔 수 없는 것들이 무수히 있다. 바뀌기 힘든 내 모습도 그렇고 바꿀 수 없는 타인의 모습도 그렇다. 점차적으로 바뀌어야 하는 것은 맞지만 단시간에 바뀌기 힘든 사회구조적인 문제들도 있다. 너무나 원해도 내 능력 밖의 일이라 아무리 해도 잘 안 되는 것도 있는 반면 어떤 일은 중요하지 않다는 걸 아는데도 유난히 신경 쓰이기도 한다.

만약 정말 나에게 중요한 것이라면 바꾸기 힘들고 시련이 있더라도 포기해서는 안 된다. 그건 어쩔 수 없다고 놓아버릴 게 아니라 안 되더라도 끝까지 해봐야 하는 것이다. 그런데 이상하게도 우리 마음을 끊임없이 괴롭히는 것은 보통 바꿀 수 없거나 중요하지 않은 것들일 때가 많다. 사람의 마음은 한정적이기 때문에 덜 중요하거나 바꿀 수 없는 것에 너무 많은 시간과 에너지를 사용하면 정작 중요한 것, 내 힘으로 바꿀 수 있는 것에 쓸 수 있는 시간과 에너지가 남아 있지 않게 된다. 중요한 것, 덜 중요한 것 따지지 않고 모든 일에 전력을 다하기란 현실적으로 불가능하다. 그리고 어떤 일들은 남의 문제이기 때문에, 어떤 일들은 원인을 분석하고 따지고 들어봐야 그 노력이 아깝기 때문에 내려놓아야 한다. 간혹 중요하더라도 그것보다 더 중요한 것을 위해 훗날을 도모하며 뒤로 미루어야 할 때도 있다.

나의 정신건강 관리를 위해서 소중하고 놓쳐서는 안 되는 것과 덜 중요하고 그냥 놓아버리는 편이 나은 것을 구분해야 한다. 그동안 내 인생에서 그다지 소중하지 않은 데다 아무리 해도 답도 없고 나를 힘들게만 했던 일이 있다면 지금부터는 놓아버리자. 마음속으로 커다란 연을 하나 만들고 그 안에 모조리 담은 뒤 그동안 차마 놓지 못해 팽팽해져 있는 줄을 탁 끊어버리는 것이다. 동시에

"뭐 어쩔 수 없지""잘 가라" 이런 말을 덧붙이는 것도 괜찮다. 그다음에는 놓아버린 후의 개운함, 후련함을 느껴보자. 그동안에는 내가 왜 그렇게 벗어나지 못했을까 하는 생각이 들 것이다.

그렇게 모아둔 나의 소중한 에너지를 어디에 써야 할까? 정말 나에게 소중한 것, 양보할 수 없는 것에서는 절대 물러나서는 안 된다. 아무리 평화주의자라고 하더라도 싸워야 할 땐 싸워야 하고, 아무리 힘들고 넘어야 할 산이 많아도 포기하면 안 되는 일은 포기하지 않는 뚝심이 있어야 한다.

회사에서 누가 먼저 인사를 하고 안하고보다 중요한 것은 회사를 다니면서 가지는 비전, 급여나 연차 같은 실질적 조건, 나의 노력들이 제대로 인정받는 것이다. 데이트에서 무슨 옷을 입고 얼마짜리 음식을 먹었는지보다 중요한 것은 상대방이 좋은 사람인지, 미래를 함께하고 싶은 마음이 드는 사람인지다. 아이 친구 엄마들 중 누가 친하고 누가 잘살고 누가 내 문자에 답을 안 하는지보다 중요한 것은 내 아이의 마음 상태를 알고 있는 것, 아이가 힘들어하거나 부당한 대우를 당했을 때 부모로서 제대로 대처하는 것이다.

내 마음을 흔들고 신경 쓰이게 하는 것들 중 따지고 보면 정말 내 인생에서 중요한 건 생각보다 많지 않다. 내 삶에서 절대적 원칙을 명확하게 할수록 덜 중요한 것들에서 자유롭고 너그러워질 수 있을 것이다. 반면에 모든 것을 하나하나 신경 쓰고 부수적인 것에 집중하다 보면 오히려 중요한 것을 놓쳐버리는 일이 생긴다.

한번 생각해보자. 지금 나에게 정말로 중요한 건 무엇일까?

사람은 완벽할 수 없다

내가 할 수 있는 최선을 다했지만 성공하지 못했을 때

내가 원하는 것을 얻었지만 필요한 것이 아닐 때

너무나 피곤한데도 잠들 수 없을 때

앞으로 나아갈 수 없을 때

영국 밴드 콜드플레이Coldplay의 〈픽스 유Fix you〉라는 노래 가사 일부다. 이 가사와 같은 기분을 느껴본 적이 있는가?

일상이 반복될수록 두근거림, 새로운 의미를 찾기 어렵고 타성에 젖어 기계적으로 변한다. 별것 아닌 삶을 살고 있어서가 아니라 대단해 보이는 삶도 그렇다. 분명 전에는 열정적이었고 이렇지 않았는데, 일상은 그대로지만 마음이 달라졌다. 그렇다고 매일을 롤러코스터처럼 살고 싶은 것도 아니고 머리로는 감사할 만한 삶이라는 것을 아는데도 왜 이렇게 지치는지 알 수가 없다. 의무만 가득한 삶에서 벗어나고 싶지만 과감하게 저지를 수 있는 성격도 아니다. 해야 하는 일들, 감당해야 하는 나의 역할들이 있기에 지치고 영혼 없는 몸을 다시 억지로 일으킨다.

번아웃 증후군Burnout Syndrome은 다른 말로 소진, 정신적 탈진이라고 할 수 있다. 열심히 일에 몰두하던 사람이 정신적, 신체적으로 지쳐버린 상태다. 무기력, 지겨움, 화 같은 정신적인 문제뿐 아니라 신체적으로도 기운이 없고 피로하고 쇠약해진 느낌을 받는다. 다 타버린 연탄처럼 간신히 모양은 유지하고 있지만 툭 건드리기만 해도 바스스 부스러져버리고 만다. 번아웃 증상은 꼭 직장인만 경험하는 것이 아니라 학생, 주부, 자영업자 모두 겪을 수 있으며, 특히 요즘 주변에서 정말 많이 보인다.

생물학적으로 보면 흥미나 호기심, 어떤 즐거움을 느끼고 그것을 반복해서 하려고 하는 행동은 신경전달물질 중 하나인 도파민이 관여하는 부분이다. 그런데 어떤 이유에서건 도파민이 줄어들거나 과도한 도파민에 노출되는 것이 반복되어 내성이 생기면 웬만해서는 의욕이나 흥미가 생기지 않는다. 그래서 도파민이 과활성되는 상태인 중독에 빠진 사람들은 생리적 길항작용으로 결국에는 도파민이 줄어들어, 만족감을 느끼기 위해 점점 더 큰 자극이 필요하게 되고 일상적 자극으로는 만족할 수 없는 수준이 되어버린다. 술, 마약 문제만이 아니라 도박, 게임 같은 행위 중독도 마찬가지다. 쉽게 말해 소소한 행복감을 느끼기 어렵다. 이런 경우는 뇌의 도파민 균형이 다시 원래대로 돌아올 때까지 오랜 시간이 필요하다. 중독까지는 아니겠지만 번아웃도 몰두 이후에 오는 소진이라는 점에서 우리 뇌의 도파민 내성 상태일 수 있다. 단순히 마음가짐의 문제가 아니라 생물학적으로 의욕과 만족감을 찾기 어려운 상태가 되는 것이다.

번아웃을 더 잘 이해하기 위해 우선 권태감과 구분해야 한다. 이 둘은 비슷한 부분도 있고 다른 부분도 있다. 권태는 무언가가 시들해지고 지루해져서 전에 비해 흥미를 잃어버리는 것이다. 상황이 바뀌지 않았는데 내 마음이 바뀌는 것이다. 오래 만나거나 결혼한 남녀 사이에 애정이 시들해질 때도 권태기라는 표현을 쓴다. 제아무리 미남, 미녀에 매력적인 사람이어도 수십 년 동안 매일 보면 당연히 익숙해진다.

사람이나 새로운 일에 익숙해지고 편안해지는 것은 좋은 일이다. 숙련되고 능숙해지는 것이다. 반면에 익숙한 일은 새로운 성취감을 느끼기 어렵고 우리를 긴장하게 만들지 않는다. 무슨 일이든 반복하면 당연히 지루해진다. 일상적인 삶에서 권태를 느끼는 것도 어찌 보면 당연하다. 이러한 권태를 극복하는 방법은 반복에서 벗어나, 익숙하던 일에 변화를 주는 것이다. 늘 해오던 방식이 아닌 다른 방식으로 해보고 환경을 바꿔보고 습관적인 행동 방식을 바꿔볼 수도 있다. 그렇게 익숙함에서 잠시 멀어진다면 소중한 의미를 다시 찾게 될 수도 있다.

얼마 전 텔레비전을 보다가 권태기가 찾아온 오래된 연인들이 서로 파트너를 바꾸는 프로그램을 본 적이 있다. 현실에서 똑같이 할 수는 없겠지만, 꼭 그런 극단적인 방법이 아니더라도 함께 새로운 경험들을 해보거나 서로에게서 몰랐던 부분을 발견하는 것은 관계에 활력을 가져다줄 수 있다. 일에서도 마찬가지다. 같은 일이어도 새로운 방식으로 해보거나 기존과는 다른 영역으로 확장하거나 새로운 목표를 설정하는 것도 스스로 자극을 부여할 수 있는 좋은 방법이다.

권태가 익숙하고 지루해지는 것이라면 번아웃은 지치고 쓰러져 더 이상 어떤 감정을 느낄 수 없는 상태다. 번아웃은 처음 무언가를 시작하면서 즐겁고 의욕이 넘쳐서 열정적으로 일에 몰두하는 시기부터 시작한다. 목표를 세우고 거기에 도달하면 성취감을 느끼고 점점 더 몰두하게 된다. 연탄이 활활 타오르는 시기다. 내가 할 수 있는 최선의 노력과 모든 에너지를 쏟아붓는다. 그렇게 조금 더, 조금 더 하며 활활 타오르다가 어느 순간 문제를 맞닥뜨리는 것이다.

첫 번째 생각해볼 부분은 기대와 좌절이다. 우리는 무언가를 위해 노력하고 그것을 해내는 자신의 모습을 사랑한다. 성취감은 우리가 힘들어도 멈추지 않고 계속하게 만드는 아주 강력한 원동력이다. 많은 사람들이 몰두하는 것 중 하나인 게임을 생각해보자. 게임을 할 때 제일 재미있는 시기는 시작하고 나서 어느 정도 방법도 익숙해지고 새로운 미션들을 하나씩 완수해나갈 때다. 재미있을 만큼 적당히 어렵고 적당히 집중해야 되는 정도이고 내가 하는 만큼 레벨이 팍팍 올라간다. 이때는 밤을 새면서 레벨 올리기에 여념이 없다. 이미 끝낸 레벨을 또 하는 것은 재미없다. 조금씩 더 어려운 레벨에 도전해야 한다.

그런데 계속할수록 난도가 너무 높아진다. 몇 번 시도해서 성공하다가 어느 단계에 가서는 한계에 부딪친다. 실패하고 또 실패하고, 아무리 해도 이제 깰 수가 없으면 그만 시들해져버린다. 다시 낮은 레벨은 하기 싫고 높은 레벨은 할 수 없으니 이제는 그 게임이 별로 재미있지 않다. 미션들도 처음에는 새롭고 신선했지만 하다 보면 다 비슷비슷하고 거기서 거기다. 반복해도 크게 재미있지가 않다.

일에서도 마찬가지다. 성취를 이루면 당연히 기쁘다. 그런데 다음번에는 전과 비슷한 정도의 성취로는 같은 만족감을 얻기 어렵다. 일의 난도가 높아지거나 나와 주변의 기대치가 높아진다. 그러다 보면 어느 순간 만족할 만한 성과가 나오지 못하고 좌절감이 생긴다. 사람은 누구나 자신에게 좌절을 주는 상황을 피하고 싶어 하는데 만약 좌절이 반복되고 피하지 못하는 상황이라면 무기력해지고 만다.

두 번째 문제는 성취를 느끼기 어려운 일인 경우에 그렇다. 일 자체가 단기적 성과를 볼 수 없고 장기전인 경우다. 의욕을 가지고 열정적으로 일에 매달리고 싶어도 매일 똑같이 반복되거나 시작과 끝이 명확하지 않으면 피로감이 들고 지칠 수 있다. 계속 같은 단순 작업을 반복하거나 고객센터처럼 비슷한 질문에 끝없이 응대해야 하는 경우가 그렇다. 승진이나 월급 인상과 같은 성취는 있겠지만 일 자체에서는 중간중간 성과를 확인하고 성취를 느끼는 과정이 적어서 단조롭게 느껴진다. 어느 순간부터는 의욕을 잃고 그냥 기계적으로 반복하게 된다.

세 번째로 번아웃이라는 개념이 상담가들의 무기력감에서 유래된 것처럼, 다른 사람의 의지와 같은 외부 요인이 강해서 내 마음대로 되지 않는 일들, 나 혼자 열심히 한다고 되는 게 아닌 일들인 경우다. 에너지를 쏟는 것과 비례한 성과를 얻기 어렵기 때문에 열심히 하다가 지쳐서 나가떨어지기 쉽다. 아무리 열심히 해도 천재지변이 일어나거나 결정권을 가진 누군가의 일방적인 결정으로 한순간에 좌절되어버리면 그동안의 노력이 다 수포로 돌아간다. 열심히 하지 않았다면 그냥 그러려니 하고 말겠지만 열정적으로 온 힘을 다해서 한 일은 열심히 한 만큼 무력감도 더 심할 수 있다.

요즘 육아 스트레스에 대한 관심이 높다. 육아야말로 번아웃이 오기 쉬운 특성을 다 가지고 있다. 육아는 단기적 성과를 보는 것이 아니라 그야말로 인생에 걸친 장기전이다. 심지어 쉬는 시간도 거의 없다. 아이가 커가면서 새로운 난도의 일들이 계속 생겨난다. 어릴 때 먹이고 재우는 것부터 시작해서 말을 가르치고 기저귀를 떼고 공부를 시키고 사회 구성원이 될 수 있도록 가르치는 일련의 과정에서 잘하려면 끝도 없다. 관심을 가지고 더 잘하고 싶은 욕구가 커질수록 좌절감도 커진다. 그런데 내가 아무리 열심히 해도 아이는 내 마음대로 따라주지 않고 노력과 성과는 결코 비례하지 않는다. 그러다 보면 화를 내고 지치고 그것도 지나면 신경을 꺼버리게 된다.

이렇게 번아웃은 권태에 비해 좌절감, 무력감이라는 감정이 기저에 깔려 있는 경우가 많다. 문제는 이런 감정이 처음에는 일에서 시작된 것인데 일에만 국한되지 않고 점점 나라는 존재, 인생에 대한 감정으로 번져버린다. 내 삶의 모든 게 의미 없게 느껴지고 무료해진다.

더 거세게 타오른 연탄이 더 빨리 꺼지듯이, 더 열심히 몰두한 사람일수록 좌절과 무력감에 영향을 더 많이 받고 번아웃이 오기 쉽다. 보통 번아웃을 경험하는 사람은 성실하고 책임감이 강하고 도덕적이고 현실적인 생산성을 중요시 여기는 사람이다. 너무 잘하려고 하고 완벽하게 해내고 싶고 하나라도 놓치지 않으려고 한다면, 좌절의 가속 페달을 밟는 것이다.

잘하는 것도 물론 중요하지만 빨리 지쳐버리지 않기 위해서는 내가 하고 있는 일에 적절한 기대치를 가지고, 완벽하지 않아도 잘해냈다고 스스로 인정하고 칭찬해주는 것이 중요하다. 사람이기에 한두 가지 정도는 포기해야 할 수 있다. 하나도 빠짐없이 최고의 성과를 낸다는 것은 애초에 불가능한 전제다. 모두에게 인정받는다는 것도 마찬가지다. 모두를 만족시킨다는 건 오병이어五餅二魚보다 더한 기적이다. 신에게조차 안티가 있었다. 애초에 불가능한 것을 목표로 삼으면 당연히 좌절하게 된다. 누군가를 실망시킬 수도 있고 책망을 들을 수도 있다. 하지만 내가 할 수 없는 부분이라면 그 실망감까지 내가 책임져야 하는 건 아니다.

번아웃은 어떻게 극복할 수 있을까? 번아웃은 마라톤을 완주한 선수가 기진맥진 쓰러지는 것처럼 무언가를 계속하기 위한 기운이 전혀 남아 있지 않은 상태이기 때문에 회복을 위해서는 충분히 쉬고 에너지를 충전해야 한다. '즐거움'은 심리적 에너지를 충전하는 좋은 방법 중 하나다. 지금까지는 필요한 것들, 해야 하는 것들만 하고 살았다면 이제는 거기에 순수한 즐거움을 위한 것, 쓸데없는 것들을 집어넣을 차례다.

지크문트 프로이트Sigmund Freud는 행복의 3대 조건을 일, 사랑, 놀이라고 했다. 150년도 더 전에 태어났으나 현재까지도 첫째로 손꼽히는 정신의학의 대가가 행복을 정의하기 위해 딱 세 개를 꼽았는데 거기에 놀이가 들어 있다는 것이 참 놀랍다. 우리는 크면서 성공을 위한 여러 가지 목표에 매진하고 쓸모 있는 것의 중요성을 강조받으며 쓸데없는 짓은 하지 말라고 배웠다. 쓸데없지만 재미있는 일을 하고 싶을 때마다 나중에, 나중에 하고 미루지만 정작 나중이 되었을 때, 어른들의 말을 잘 들은 성실한 사람들은 성인이 되어 더 이상 누가 잔소리하지 않는데도 그 말을 기억한다. 돈이 되거나 커리어가 되거나 아무튼 무언가 남는 것에만 신경을 쓰고 그렇지 않은 것에 돈과 시간을 쓰면 죄책감을 느낀다. 하지만 현실적 목적이 아닌 즐거움을 위한 행동은 우리를 생기 돌게 한다.

장작불을 피울 때 초보들은 장작을 빈틈없이 촘촘하게 넣는다. 그런데 그렇게 해서는 불이 붙지 않는다. 공기가 통할 수 있도록 적당히 느슨히 넣어야 한다. 우리가 하는 일이나 삶도 100퍼센트의 생산성을 목표로 하면 오히려 잘 안 되는 경우가 많다. 어떤 사람들은 설렁설렁하는 것 같은데 오히려 좋은 성과를 낸다. 그 사람의 숨겨진 어려움도 당연히 있긴 하겠지만 실제로 어느 정도 힘을 빼야 여유와 유연함이 생기고 더 오래 지치지 않고 잘할 수 있다. 힘을 쓰는 레슬링, 유도 같은 운동조차도 몸에 힘이 꽉 들어가면 나무토막처럼 넘어가고 만다. 살면서 꼭 해야 하는 것들만 하고 살다가는 하고 싶은 것을 하나도 하지 못하는 삶이 되어버린다.

하나에만 몰두하느라 간과하고 있던 다양한 부분에서 성취감을 발견하는 것도 번아웃을 막는 데 도움이 된다. 무언가에 관심을 가지고 한곳만 보면 그게 세상의 전부인 듯할 때가 있다. 그런데 조금만 주위를 둘러보아도 그것의 존재조차도 모르는 사람이 태반이다. 다른 수많은 가치들이 존재한다. 인생의 보물도 하나가 아니다. 보물찾기를 할 때 숨겨진 보물은 찾는 사람의 것이듯, 인생의 성취감이나 즐거움도 찾아내는 사람의 몫이다. 어린 시절 눈에 불을 켜고 보물을 찾던 마음으로 일상적 즐거움을 찾아나서야 한다.

다양한 즐거움을 찾으려면 일단 생활이 너무 한곳에만 집중되어 있는 것보다는 다양한 영역에 걸쳐 있는 것이 도움이 된다. 일이든 가족이든 우선순위는 당연히 있어야 하지만 아무리 중요한 요소라도 그게 전부가 될 순 없다. 큰 기둥 한 개로 건물을 지탱할 수는 없는 것처럼 마음의 공간에 마음이 쉴 기둥들을 여러 개 받쳐 두는 것이 좋다. 큰 성취만이 성취가 아니다. 작고 소소한 것들의 행복과 성취감을 발견하는 능력이 있는 사람은 인생의 보물을 찾을 가능성이 훨씬 더 크다.

무엇보다 내가 너무 힘들다면 멈추고 쉬어갈 수도 있다는 것을 기억해야 한다. 왜냐하면 앞서 타버린 연탄의 비유를 들었지만 사실 당신은 연탄이 아니라 불 때는 사람이기 때문이다. 우리는 따뜻하기 위해 태우는 도구나 수단이 아니라 따뜻해지려는 주체다. 내가 무엇을 위해 살아가고 있는지 목적이 분명해지면 이 힘든 과정을 왜 해야 하는지에 대한 답도 얻을 수 있다. 힘들고 지루한 일상이라도 정말 나와 나에게 소중한 것을 위해서라면 그래도 참고 견딜 수 있다. 만약 나를 위한 것이 아니라면 무엇이 나를 위한 길인지 진지하게 고민해보아야 한다. 다른 누가 알려줄 수 있는 것이 아니다. 내 마음의 주인은 나고 나의 상황은 내가 제일 잘 알고 있다. 이 사실을 늘 기억하고 있다면 모든 순간에서 어떤 방법이든 자신에게 맞는 여러 가지 해결책들을 찾을 수 있을 것이다.

02

나를 소중하게 여긴다는 것

나를 소중히 여기라는 말은 여기저기서 늘 듣지만 막상 실천하기 쉽지 않다. 가끔은 '나를 소중히 여기는 게 대체 뭘까?' '어떻게 해야 하는 걸까?' 싶다. 강아지처럼 쓰다듬어주어야 하는 건지, 손에 물 한 방울 안 묻혀야 나를 소중히 여기는 건지, 무례한 사람들이 나에게 찍소리도 하지 못하게 싸움닭이 되는 게 나를 소중히 여기는 건지…. 구체적인 방법을 모르니 엉뚱한 방향으로 가거나 그냥 뜬구름 잡는 소리가 되어버린다.

어떤 사람은 나를 소중히 여긴다는 것에 비교의 개념을 장착하기도 한다. 나를 '남보다 더' 소중히 생각해서 오히려 무례해지거나 남을 배려하지 않는 모습을 보이는 것이다. 이 경우의 심한

190

형태가 '나르시시스트'다. 나는 남보다 우월하다는 생각을 가지며 자신을 지나치게 중요하게 여기고 모든 것이 본인 위주다. 가장 큰 문제는 타인을 필요에 따라 자신의 도구로 이용한다는 점이다. 자기애성 인격장애 환자들은 늘 '나는 정말 소중해'라고 말할 테지만 누구도 그것을 옳다고 말하지 않는다.

반대로 어떤 사람들은 자신을 너무나 소중하지 않게 대한다. 스스로를 하찮게 대할 이유가 전혀 없는데도 불구하고 자신을 아끼지 못할뿐더러 남이 나에게 함부로 대하는데도 저항하지 못한다. 스스로 자신의 가치를 폄하하고 가혹하게 대한다.

사람마다 라이프스타일은 제각각이어도 의식주처럼 기본적으로 갖추어야 하는 건 있다. 마음도 마찬가지다. 마음에도 최소한의 힘은 있어야 한다. 바로 나를 함부로 대하는 사람을 그냥 내버려두지 않고 나를 지킬 힘이다. 그러려면 내가 나를 소중히 하는 것이 우선이다. 내가 나를 함부로 대하는 데 익숙해져버리면 남이 나를 함부로 대한다는 것조차도 깨닫지 못하게 된다.

나를 소중히 한다는 것은 나를 존중한다는 의미다. 즉, 자존감이다. 사실 자존감이 높은 사람은 남이 나를 어떻게 대하는지를 별로 신경 쓰지 않는다. 스스로에 대한 믿음이 있어서 그렇기도 하지만 자신을 소중히 여기는 사람의 주위에는 그를 함부로 대하는 사람이 남아 있을 수 없기 때문이다. 설령 눈치 없이 그렇게 구는 사람이 있더라도 금세 내 인생에서 추방하고 만다. 결코 내 인생의 중요한 부분을 내어주지 않는다. 타인의 자존감을 깎아내리는 사람들로 인해 나에 대한 믿음이 바뀔 염려도 없다.

나를 소중히 여기는 실천

그렇다면 지금부터 내가 어떻게 달라져야 할까? 과연 내 인생의 주도권을 되찾고, 내 삶에서 가장 믿는 사람을 나로 돌려놓을 수 있을까? 자존감을 높여야 한다고 아무리 말로 들어도, 정작 어디서 부터 어떻게 해야 할지 생각해보면 막막하다. 나를 존중하고 나를 소중히 여긴다는 것이 대단하게 들리지만, 사실 당장 오늘부터 실천할 수 있는 것들이다.

첫 번째 | 자신에게 후하라

∨

우리는 늘 아무것도 하기 싫다고, 쉬고 싶다고 입버릇처럼 말하지만 사실은 무언가를 해냈을 때 행복감을 느낀다. 아무것도 하지 않고는 살 수 없는 게 인간이다. 만들어낼 게 없다면 동굴에 벽화라도 그려내고 만다. 그런데 성취감, 자존감은 단순히 해내는 것만의 문제가 아니다. 자신이 해냈음을 알아차리는 것이 더 중요하다. 크고 작은 성공의 경험들과 성취감이 쌓이면 나에 대한 믿음, 내가 해낼 수 있다는 믿음이 된다. 자존감이 처음에는 높더라도 계속 실패만 하고 구박만 당하면 점점 줄어들기 마련이다. 자신에 대한 믿음이 얕아진다. 그런데 너무 엄격하고 완벽한 성향을 가진 사람들은 스스로를 강하게 채찍질하며 스스로 이루어낸 것조차도 무시해 버린다. '아직 부족해' '이건 내가 잘해서 된 게 아니야' '어쩌다 우연히 되었나 보지'라고 생각한다. 우리는 올림픽 경기에 나온 심사위원이 아니다. 완벽하면 당연히 10점을 받겠지만, 얼추 비슷하게 해내거나 혹은 시도하는 것만으로도 10점을 받을 수 있다.

물론 발전을 위해 목표를 높게 잡을 수도 있다. 하지만 그 안에 수많은 작은 목표들과 성취를 발견하는 과정이 존재해야 한다. 걸음마도 하지 않고 뛰는 사람은 없다. 중간중간 해내는 것에 대해 혹은 해내지 못하더라도 포기하지 않는 자신에게 충분한 인정과 칭찬을 해주어야 한다. 그래야 더 잘해낼 수 있다.

남을 대할 때도 마찬가지다. 상대의 노력에 대해 너무 완벽한 것만 인정해주면 상대는 금방 실망하고 지친다. 아무리 애를 써도 빵점이고 늘 부족하게 느껴지니 그냥 안 해버리는 것이다. 칭찬은 고래도 춤추게 한다. 선한 의도와 성실한 노력에는 조금 엄격해도 좋지만 좋은 마음으로 최선을 다했다면 그 결과에 대해서는 엄격해지지 말자.

두 번째 | 친절하라

∨

친절하면 남만 좋은 게 아니다. 나에게도 좋다. 남이 아닌 나를 위해 친절해질 필요가 있다. 과도하게 예민하거나 방어적인 사람의 마음속을 자세히 들여다보면 자존감이 낮고 내가 그럴 만한 여유나 자격이 없다는 믿음이 깔려 있다. 무의식 속에서 나는 늘 피착취자이고 타인은 착취자이니 또 당하지 않기 위해서 오히려 세게 나오는 것이다.

그럼에도 상대가 친절하게 행동하면 그제야 나도 모르게 방어를 풀고 친절하게 응한다. 주체적이라기보다는 수동적이다. 그런데 처음부터 공격적인 사람에게 친절할 수 있는 사람이 요즘 세상에 몇이나 될까? 공격에는 반격이 돌아오고 결국 그 사람이 경험하는 세상은 그렇게 날 선 세상뿐이다. 그와 반대로 내가 힘이 있다고 생각하고 주체적인 존재라고 믿는다면 상대를 먼저 배려하고 먼저 다가갈 수 있다. 그러면 보통의 사람은 다시 친절로 화답한다. 이 사람이 경험하는 세상은 친절하고 따뜻한 세상이다.

세상이 냉정하고 모두가 못됐다며 경계 태세를 한 채로 누군가가 나에게 친절하게 대해주기만을 기다리고 있는 사람과 먼저 상대를 배려할 수 있는 힘이 있는 사람 중에 당신은 어떤 쪽에 더 가까운가? 어떤 사람이길 바라는가?

만약 냉정하게 생각해서 지금의 내 모습이 전자에 더 가깝다면 이제는 바뀌어야 한다. 그런데 어떻게 바꿔야 할지 막막할 수 있다. 그럴 때 내 생각과 믿음을 바꾸는 것보다는 일단 행동을 먼저 바꾸는 것이 쉽다. 행동을 바꾸면 점차 생각에도 변화가 일어난다. 이것도 일종의 문제 해결적 방식이다. 자존감이 높고 너그러운 사람이 다른 사람들에게 할 법한 행동을 함으로써 나도 스스로 마음의 여유와 남을 배려할 수 있는 자격을 갖춘 사람이 된다.

물론 나의 것을 지키지 못하거나 나를 존중받지 못하는 상태에서 친절을 계속 베풀라는 의미는 아니다. 만약 나의 친절에 대해 상대가 그에 합당한 반응을 보이지 않으면 실망하거나 화가 날 수도 있지만 그런 상대의 반응까지 내가 어쩔 수는 없다. 더욱 중요한 사실은 내가 언제나 타인에게 영향을 받고 수동적인 존재가 아닌 주변 사람들에게 영향력을 발휘할 수 있는 존재라는 사실, 나에게 있는 그 힘을 깨달아야 한다는 것이다.

대단한 것이 아니더라도 이웃에게 먼저 인사를 하고 아이를 안은 부모나 나이 드신 분을 위해 문을 잡아주거나 지하철 등에서 자리를 양보했을 때 드는 뿌듯한 마음이 있다. 그건 상대에게서 돌아오는 반응과는 상관없이 내 안에서 일어나는 일이다. 사람들이 기부를 왜 할까? 물론 이타적인 이유도 있지만 자신에게도 도움이 되는 면이 있다. 우리는 행동의 주체인 동시에 관찰자이기도 하다. 존경받을 수 있는 행동을 함으로써 스스로 자신을 존경할 수 있게 되는 것이다. 조금도 손해 보기 싫어 날 선 모습보다는 여유 있고 친절한 모습이 나에게도, 남에게도 멋져 보일 것이다.

세 번째 | 신념을 가지라
∨

신념에는 다양한 의미가 있다. 일단 첫 번째는 내가 가지고 있는 믿음이다. 내가 하는 모든 생각의 뿌리가 되기 때문에 중립적인 상황을 어떻게 해석하는지에 대한 기준이 된다. 그래서 같은 상황에서도 독특한 개인의 반응을 나타나게 한다. 당연히 부정적인 신념은 부정적인 생각과 행동을 낳고, 긍정적인 신념은 긍정적인 생각과 행동을 낳는다.

신념은 가치관을 의미하기도 한다. 개인이 가지고 있는 세상을 해석하는 기준이자 세상을 대하는 자세다. 그래서 신념은 현재의 나를 넘어설 수 있는 의지, 궁극적으로 추구하는 목표가 되기도 한다. 확고한 신념을 가지고 있는 사람은 멀리 보이는 등대를 향해 나아가는 배와 같아서 비록 파도에 흔들릴 수는 있으나 방향을 잃지 않는다. 내 생각과 행동의 이정표가 되는 신념을 명확하게 인식하고 있는 사람은 작은 것에 일희일비하지 않고 스스로 단단해질 수 있다.

따라서 긍정적이고 굳건한 신념을 가지는 것은 나의 삶을 더 건강하고 만족스럽게 만드는 데 필수적이다. 게다가 신념은 알게 모르게 행동에 영향을 많이 주기 때문에 가만히 보면 어떤 사람의 주변에는 비슷한 신념을 가진 사람들끼리 모이게 되어 있다. 나의 주변에 어떤 사람들이 많길 바라는가? 내 주변에 좋은 사람들을 많이 두기 위해 내가 좋은 사람이 되어야 한다. 가끔은 나의 신념과 현실의 유혹 사이에서 흔들릴 수 있다. 눈앞의 이익을 쫓으려다 내가 나조차도 주변에 있기 바라지 않는 모습의 사람이 되어버릴지도 모른다. 흔들리지 않는 신념을 가지고 스스로도 확신을 가질 수 있고 부끄럽지 않을 수 있는 행동을 하는 것이 멀리 보았을 때 결국 나에게 훨씬 더 이득이다.

네 번째 | 나에게 좋은 것을 주라

∨

나를 소중히 한다는 것은 모호하고 추상적인 개념이 아닌 실제적이고 구체적인 행동이다. 누군가 나를 소중하게 여긴다고 말만 하면서 정작 소중히 여긴다는 느낌을 주는 행동은 전혀 하지 않는다면 그건 진짜라고 볼 수 없다. 마찬가지로 내가 정말 소중히 여기는 사람에게 할 법한 행동을 나 스스로에게 하는 것이다. 지쳐서 초라해졌을 때 더욱 용기를 북돋아주기, 틈틈이 나에게 애쓰고 있으며 이 정도면 잘하고 있다고 인정해주기, 급하게 아무렇게나 차린 상이 아니라 소박하더라도 정성이 들어간 맛있는 것을 먹고 내가 할 수 있는 선에서 나에게 가장 좋은 것들을 주기, 힘들 때는 다른 생각하지 않고 나를 돌보기 등 이런 구체적인 행동들을 내가 나에게 해주어야 한다. 아무리 남에게 친절하고 잘해주는 이타적인 내 모습이 뿌듯하더라도 정작 내가 나에게 그렇게 하고 있지 않다면 그건 정말 무의미하다. 스스로에게 친절한 것이 우선이다.

우리 모두는 누군가에게 사랑받고 있다고 느끼고 싶고, 소중한 존재라고 느끼고 싶다. 누군가 나에게 꼭 해주었으면 좋겠는 것들이 있지 않은가? 그동안 외롭고 지쳤을 때 남들이 받는 모습을 부러워만 했던 것들 말이다. 더 이상 누가 나에게 해주길 기다릴 필요가 없다. 이제는 내가 날 위해 해줄 차례다.

"No"라고 말하기

싫다는 말을 못 하는 사람이 있다. 다른 사람이 기분 나쁜 말이나 행동을 해도 웬만해서는 티를 내지 않고, 생각이 달라도 다르다는 말을 하지 않는다. 무리한 부탁이어도 '이 정도는 들어주는 게 맞나?' 생각하다 어영부영 들어주고 나서 화가 나고, 화가 난 일에 대해서도 '이게 화낼 만한 일인가?' 한참 생각하다 삼켜버리곤 한다. 가끔은 이런 모습이 싫어서 화를 내거나 강하게 나가보기도 하지만 그러고 나면 더 신경이 쓰여서 오히려 마음이 불편하다. 차라리 그냥 참고 사는 게 편하다는 결론을 내린다.

좋은 마음으로 다른 사람의 편의를 봐주고 배려하는 것은 물론 좋다. 그런데 이게 점점 늘어나고 이제 더 이상은 좋은 마음도 아닌데 속으로는 짜증이 나면서도 마지못해 "YES"하고 있다면, 남에게는 좋은 일일지 모르지만 더 이상 '나에게는' 좋은 일이 아니다. 심지어 어떤 사람들은 상대의 좋은 마음을 악용하기도 한다. 그럴 땐 더욱 내가 뭐하고 있는 건가 싶어진다. 내가 내 권리를 챙기지 못하고 "NO"를 하지 못하면 나의 권리는 아무도 챙겨줄 사람이 없다. 나에게 마지막까지 남아 있어야 하는 유일한 힘은 나를 지키는 힘, 바로 "NO"를 할 힘이다.

　그러면 어디까지 상대의 부탁을 들어줘야 하고 어디서
부터는 안 된다고 해야 하는 걸까? 내가 기꺼이 즐거운 마음
으로 할 수 있는 정도, 내가 불편하고 나에게 피해를 끼치는
정도에 따라 다를 것이다. 그림으로 그려본다면 다음과 같다.

즐겁지 않고
억지로 함

NO　　호구의 영역

즐겁게 기꺼이 함
나에게 피해를 주지 않음

YES　　호의의 영역

NO　　권리의 영역

나에게 피해를 줌

　기준선은 사람마다 다르다. YES의 영역이 크든 작든
상관없다. 물론 편안한 마음으로 할 수 있는 YES 영역이 클
수록 좋긴 할 것이다. 함께 사는 세상에서 하나도 손해 보지
않고 하기 싫은 것을 하나도 하지 않고 살 수는 없다. 남에
대한 배려 하나 없이 나만 생각하며 사는 것도 결코 옳은 삶
의 방식은 아니다. 중요한 건 내가 받아들일 수 있는 내 나름
대로의 '선'은 있어야 하고 그 선은 나를 위해 반드시 지켜져
야 한다는 점이다.

　그런데 나를 지키기 위한 이 선이 침범당하고 있는데도

차마 말 못하는 경우가 있다. 불편한 감정을 경험하고 싶지 않아서 다른 사람에게 모진 말을 못 하는 것이다. 갈등, 다툼을 극도로 불안해하는 사람들은 어릴 때 갈등을 자주 경험해 내재된 불안이 있는 경우 또는 대화로 해결되지 않거나 대화할수록 악화되는 다툼을 자주 경험한 경우여서 비슷한 상황만 되어도 피해버리고 만다. 이런 사람들은 직접 갈등의 당사자가 아니라 갈등을 옆에서 보기만 해도 가슴이 벌렁거린다. 저렇게 싸우고 나서 서로 어떻게 얼굴을 보고 지내나 싶은데 정작 당사자들은 별일 없었다는 듯이 지내는 것을 보면 자신이 이상한 건지 저 사람들이 이상한 건지 모르겠다. 이들에게 다툼은 곧 분열이나 파국이기 때문이다.

그런데 진짜 문제는 꼭 싸움만이 아니라 살아가면서 반드시 필요한 과정인 의견 조율, 비판, 토론이 곧 다툼으로 인식되는 것이다. 싸움을 피하는 것을 넘어 정당한 자기주장도 어렵다. 이런 경우 무조건 "네 의견을 말해라, 자기주장을 해라"라는 조언을 듣고 그대로 하면 더욱 불안해질 수 있다. 그에게 자기주장은 곧 갈등이고 갈등은 상대방에게 미움 받거나 더 나아가 버림받을 수도 있다는 의미가 되기 때문이다.

그래서 평상시에 자신의 생각을 드러내지 않고 참다가 도저히 상대방과 안 맞는다고 느껴지고 고통스러우면 어느 순간 '손절'을 해버리고 만다. 맞서서 해결하기보다 차라리 안 보고 끊어버리는 게 훨씬 속 편하다. 그러나 당사자의 마음속에서는 오랫동안 참아온 결과일지라도 상대방 입장에서는 당혹스러울 수 있다. 그래서 무조건 상대의 말을 따르는 것보다 평상시 "NO"를 잘하는 것이 오히려 관계를 잘 유지하는 방법이 되기도 한다.

P가 그랬다. P는 남에게 싫은 소리는 웬만하면 하지 않았다. 그러다 보니 '적'이 없었고 좋은 사람이라는 평을 받았다. 그런데 P가 정말 아무렇지 않거나 진짜 다 마음에 들어서 뭐라고 하지 않는 것은 아니었다. 사실은 눈에 거슬리고 싫은 것들도 많은데 속으로 욕을 할지언정 겉으로는 표현하지 않는 것이었다. 남의 인생인데 굳이 참견하고 싶지 않다는 게 그 이유였다. P는 상대와 부딪쳐서 문제를 마주하기보다는 그냥 관심을 끄고 거리를 두는 것이 더 낫다고 생각했다. 그리고 싫은 소리하는 게 어렵다 보니 지인이 부탁을 하면 거절하기가 어려워서 다 들어주는 편이었다.

이런 패턴이 P 본인도 힘들다 보니, 자신도 모르게 서로 부탁을 할 만큼 가까운 사이가 되는 것을 피하거나 연락을 점점 끊어버렸다. 그래서 P는 자신의 입장보다는 상대방의 입장을 배려하고 잘 들어주는 편인데도 불구하고 오래된 친구가 많지 않았다. P는 자기주장을 거침없이 하고 심지어 자기보다 못된 사람도 친구가 많은데 왜 자신은 다 참고 맞춰주는데도 친구가 없는지 궁금해했다. 사실은 자신이 남들과 가까워지는 것을 불편해하고 남들을 밀어내고 있었는데 말이다. 사람들은 본능적으로 불편한 관계를 원치 않는다. P는 참는 것이 편하다고 했지만, 정말로 편한 것이 아니었다. 다른 방법을 찾을 수 없었기 때문에 편하다고 느끼도록 스스로 적응한 것이다.

P의 이런 모습은 어릴 때부터 시작되었다. P의 부모님은 주관이 뚜렷한 분들이었다. 물론 P를 위해서이기는 했지만 본인들이 옳다고 생각하는 것을 강요했고 거기에 토를 달아봐야 혼나거나 잔소리만 늘어날 뿐 결과가 달라지는 경우는 거의 없었다. P는 속으로 투덜대거나 마지못해 따르는 식으로 지냈다.

P가 기억하는 원인은 또 있었다. 학창 시절 친구의 부탁을 거절한 일이 있었는데 그 일로 기분이 상한 친구가 P의 사과도 받아주지 않고 P를 따돌리며 다른 친구 무리에게 P의 험담을 한 일이었다. 그때 P는 마음고생이 심했고 친구의 마음을 상하게 한 것을 두고두고 후회했다. 미숙한 시기에 상대에게 상처를 주는 일이 발생할 수 있긴 하지만 친구의 대처는 분명히 잘못되었다. 만약 그때 거절하지 않았더라도 계속 눈치 보고 맞춰주었다면 또 다른 문제가 생겼을 것이다. 그리고 그런 상대라면 차라리 친구로 지내지 않는 것이 더 나을지도 모른다. 만약 누군가가 성인이 되어서도 그 친구와 같은 행동을 한다면 그 사람이 이상한 사람 취급을 받

을 것이다.

P는 그때의 일이 자신의 잘못이 아님을 이해하고 나서, 조금만 더 자신에 대한 확신이 있었다면 나를 험담하는 친구에게 미안하다고 하는 대신 싸웠어야 했던 것 같다고 말했다. 그리고 이런 과정을 통해 자신이 편치 않으면서도 참고 괜찮다고 해왔던 건 자신이 착해서나 정말 괜찮아서가 아니라 남에게 싫다고 하거나 다른 의견을 말했을 때 생길지도 모르는 갈등이 두려워서임을 알게 되었다. 이처럼 P는 과거의 경험이 단순히 과거에 머물러 있는 것이 아니라 현재에도 계속 이어지고 있음을 깨닫게 되었고 변화의 필요성을 느꼈다. 자신의 마음속 불안에 대해 받아들이고 지금은 그때와 달라졌음을, 더 이상은 누구의 지시로 살아갈 수 있는 나이가 아님을, 다른 사람과 갈등이 생겨도 그것을 해결할 수 있는 능력이 있음을 깨닫는 과정을 거치며 변화에 대한 용기를 냈다.

P의 이런 용기가 한 번의 깨달음으로 끝나는 것이 아니라 익숙한 패턴이 되어 변화를 이끌어내기 위해서는 연습이 필요하다. 거절을 할 때도 조금 더 세련되게 하는 방법을 배우고 자기주장을 편안하고 감정적이지 않게 하는 연습이 거듭될수록 자기 의견을 말하는 것은 자연스러워진다. 논쟁이 곧 다툼을 의미하는 것은 아니며 다툼이 생기더라도 해결할 수 있다는 새로운 경험들이 쌓였고 P의 새로운 믿음이 되어

갔다. 이제는 억지로 좋은 사람이 되거나 다른 사람과 잘 지내기 위해 내 마음을 억누르며 애쓰지 않을 수 있고, 마음이 편안해지면서 오히려 전보다 즐거운 마음으로 남을 도울 수 있을 것이다.

03

살아간다는 것은 드라이빙

종종 인생은 길에 비유되고 삶의 여정이라는 표현을 쓴다. 시간의 흐름은 거스를 수 없고 도착이 어디인지는 모르지만 그곳을 향해 간다는 점에서 인생과 길은 비슷한 면이 있다. 그 길 위에서 우리는 각자의 삶이라는 자동차를 자기 나름의 방식으로 운전해간다.

운전대를 처음 잡은 순간을 떠올려보면 주차는 말할 것도 없고 흔한 좌회전, 우회전, 심지어 똑바로 가는 것도 쉽지 않다. 그러다가 조금씩 익숙해지고 자신감도 생겨서 운전에 차츰 재미를 느끼게 된다. 멀리 가고 싶고 속도도 올려보고 한다. 조금 더 잘할 수 있을 것 같고 옆에 가는 다른 차와 살짝 속도 경쟁을 하기도 한다. 하지만 한창 운전을 즐기다가 어쩌다 접촉사고라도 나면 다시 운전대를 잡기가 무섭고 싫어진다. 사고가 클수록 다시 시작하기 어렵다. 그래서 다시는 운전하지 않겠다며 운전면허증을 장롱에 넣어버리는 사람도 있다. 어떤 사람들은 자신의 의지로 혹은 필요에 의해서 용기 내어 다시 시도한다.

만약 크고 비싼 차를 타면 그 반대의 경우보다 운전하기가 조금 더 쉽고 편할지도 모른다. 인생도 타고나기를 예쁘고 잘생기고, 인성도 좋고 정신력도 강하고 심지어 아이큐마저 높으면 살기가 더 편할지도 모른다. 나 역시 그런 삶이 부럽다. 하지만 그게 꼭 전부는 아니라고 믿으며 살고 있다. 차가 아무리 좋아도 결국 운전은 내 몫이다. 내가 하는 것에 따라 얼마든지 달라질 수 있다. 사람이든 물건이든 아무리 좋게 타고나도 아끼지 않거나 함부로 내버려두면 볼품없어지고 상한다. 하지만 신경을 쓰고 애지중지한 것은 시간이 갈수록 점점 더 빛이 난다.

어느 날 자폐 성향을 가진, 누가 보아도 마르고 힘이 약해 보이는 학생이 찾아왔다. 아는 형이 자신에게 함부로 대한다며, 그 형 때문에 받는 스트레스를 한참 말한 뒤 내게 물었다. "태권도를 배우면 싸움을 잘하게 될까요?" 아마 평상시에 당할 때마다 한판 붙고 싶은 마음이 굴뚝이었을 것이다. 그런데 어차피 싸워봤자 더 크게 당할 테니 속으로 부글부글 끓는 화를 삭일 수밖에 없었고 어떻게 이길 수 있을지 고민하다 태권도를 배우면 나을까 하는 생각까지 하게 된 것이다. 그런데 현실에서는 몸싸움을 해서는 안 될 뿐더러 내가 봤을 때 웬만큼 해서는 싸워서 이길 수 있을 것 같지 않았다. 그래도 늘 주눅 들어 있던 학생이었기에 이런 고민조차도 반가웠다. 현실을 알려줄 수도 없고, 덮어놓고 그렇다고 할 수도 없던 나는 고민하다 말했다. "격투기 선수나 그 형보다 잘할 수 있게 될지는 모르겠지만 적어도 태권도를 배우기 전보다는 잘할 수 있을 거예요."

그 형은 인생에서 스쳐 지나가는 사람이다. 살면서 무수히 그런 부류의 사람을 만날 것이다. 그런 사람을 이기는 것보다 더 중요한 건 내가 예전의 나보다 나아지는 것, 나를 갈고닦는 것이다. 누군가를 이기거나 앞서기 위해서 무언가를 한다면 금세 벽에 부딪치고 지쳐버리고 만다. 더 강한 상대는 얼마든지 있기 때문이다. 나를 움직이게 만드는 시작은 '현재의 나'의 갈망이고 도달하고자 하는 목표는 더 나아진 '미래의 나'다. 누구에게도 무시당하지 않고 스스로를 위해 맞서 싸울 수 있는 사람이 되려 노력하다 보면 언젠가는 그 학생도 막연히 그리던 모습에 가까워진 자신을 발견할 수 있지 않을까 생각한다.

좋은 차를 타고 가든 작고 낡은 차를 타고 가든 분명한 건 길을 가다 적어도 한 번쯤은 예상치 못한 비포장도로, 폭우를 만나게 된다는 점이다. 그럴 땐 평상시보다 더 조심히 집중해서 운전해야 한다. 어찌 보면 이때가 비로소 그동안 쌓아왔던 내 운전 실력이 빛을 발하는 순간이다. 쉴 새 없이 흔들리고 앞이 하나도 안 보일 때는 두려움에 요동치는 마음을 가다듬고 천천히 속도를 낮추고 비상등도 켜고 천천히 한 발짝씩 가야 한다. 그렇게 가다 보면 언젠가는 비가 그치고 다시 평탄한 길이 나타날 것이다. 내가 그만 두지만 않는다면 말이다.

　살면서도 내 의지와 상관없이 예상치 못한 순간들이 나타날지 모른다. 어떤 시련은 완전히 랜덤이라 내가 그동안 착하게 살았고 잘 살아온 것과 전혀 상관없이 일어난다. 왜 나에게 이런 일이 생기는지 화가 나고 억울한 마음이 드는 것은 당연하다. 하지만 그때는 다른 방법이 없다. 밝은 빛이 다시 비출 때까지 오직 내 마음에 집중하고 주변의 도움도 받으며 천천히 지나가는 것밖에는 뾰족한 수가 없다. 이런 고난이 없기를 바라지만 그게 불가능하다는 것을 우리는 안다. 그래서 우리가 소중한 사람에게 꽃길만 걸으라고 기원하는 이유는 아마도 인생에는 가시밭길도 있음을 알기 때문일 것이다.

　살아가면서 나 혼자만 열심히 하면 되는 거라면 그래도 나을 텐데 운전을 하다 보면 길에서 참 여러 운전자를 만난다. 그중에는 요리조리 위험천만하게 운전하는 사람들도 있다. 그 사람들은 마치 자신의 운전 실력을 뽐내듯이 남들은 무시하고 다른 운전자들에게 피해를 주며 끼어들고 앞질러 간다. 어쩌면 그들은 자신이 운전을 잘한다고 생각하고 도리어 다른 사람들을 답답하게 여길지도 모른다. 그런 사람들을 대할 때 몇몇은 그 차보다 더 세게 달리거나 다시 앞으로 끼어드는 '보복운전'을 하기도 한다. 그랬을 때 결국에는 누구 하나가 수그리거나 그렇지 않으면 사고로 끝이 나고 만다. 그래서 대다수의 보통 사람들은 이상하게 운전하는 차가 있으면 이를 인식하고 조심스럽게 운전한다. 차간 거리도 넓혀주고 속도도 줄이고 사고가 나지 않도록 배려하고 예측한다. 모두가 제멋대로 행동하면 더 큰 사고가 날 것을 알기 때문이다. 쉽게 말해 엉망진창으로 운전하는 사람보다 한 수 위다. 그렇게 배려하는 사람들 덕분에 질서가 유지된다.

사람과의 관계도 마찬가지다. 누군가 마음대로 내키는 대로 행동해도 별 탈 없어 보이고 심지어 더 잘살고 있는 것 같다면 사실 그건 수많은 안전망이 되는 사람들 덕분이다. 심리적인 면에서 보면 한 수 위다. 그런데 가끔은 누군가를 배려하는 입장에 서는 것이 억울하게 느껴질 수 있다. 언제까지고 나만 배려하라는 거냐는 생각도 든다. 만약 나의 배려가 순전히 상대만을 위한 것이라고 생각하면 그렇게 할 수 없을 것이다. 배려는 상대를 위해서가 아니라 나를 위해서다. 그렇게 해야 내가 살고 있는 이 사회가 유지될 수 있고 나의 배려가 돌고 돌아 결국 다시 나에게 돌아온다는 것을 믿어야 한다. 그리고 엄밀히 말해 여러 관계들 속에서 나만 늘 배려한다는 건 불가능하다. 나 또한 어느 순간에는 다른 많은 사람들이 만들어준 튼튼한 안전망으로 보호받고 있다. 혹은 내 가족, 나의 소중한 사람이 그렇게 배려를 받으며 살고 있다. 사회적 안전망은 아무나 될 수 있는 것이 아니다. 그런 사람들이 더 인정받을 수 있고 정직하고 선한 행동에 자부심을 느낄 수 있는 사회적 분위기가 형성되기를 바란다.

그런데 인생의 여정에서 차도, 길도, 다른 운전자들도 다 중요하지만 이 모든 것이 내가 없으면 아무런 의미가 없다. 가장 중요한 건 그 안에 타고 있는 '나'다. 내가 가는 길이고 그 안에서 무엇을 느낄지 어디로 갈지 어떻게 갈지에 대한 선택의 책임도 나에게 있다. 내가 내 인생의 주인이 되어야 한다. 누군가의 압박에 의해 결정되어서는 안 된다. 뒤에서 아무리 나에게 빨리 가라고 다그치고 경적을 울려대도 내 속도대로 가야 한다. 다른 사람에게 휘둘리면 내가 어디로 가는지도 모르고 달려간다. 그러다 정작 엉뚱한 곳으로 가게 되거나 뜻밖의 사고가 나게 된다면 누구를 탓할 수 있을까? 어차피 내 곁에 영원히 있을 사람도 아니고 누구도 정답을 알 수 없는 인생에서 나만의 속도와 스타일로 갈 것인지 다른 사람 눈치만 보고 남 탓만 하며 괴롭게 갈 것인지는 나에게 달려 있다. 누가 뭐라고 해도 운전대를 잡고 있는 것은 나다.

내가 선택하고 만들어나가는 다양한 경험들 속에서, 여정이 항상 즐겁지는 않더라도 오로지 괴롭고 고통스럽기만 하다면 누구라도 그곳에서 벗어나고 싶을 것이다. 결국 지금 내가 느끼는 기분, 만족감, 소망 같은 것들이 이 여정의 목적이다. 화려하지 않아도 충만한 마음으로 천상병 시인의 시처럼 이 세상 소풍이 끝나고 아름다웠다고 말할 수 있는 것, 이만하면 꽤 괜찮은 여행이었다고 말할 수 있는 것 말이다. 우리는 매 순간 그 길에 서 있고 방법을 찾아나가고 있다. 나에게 가장 아름다운 삶을 선물하기 위해서 말이다. 분명 쉬운 일은 아니겠지만 내 마음에 귀를 기울이고 더 나은 내가 되기 위해 애쓰는 사람들은 그 준비가 되어 있는 사람들이다.

* * *

　멀리서 볼 때는 하나의 색으로 보이는 모래사장도 자세히 보면 하얀 모래, 노란 모래, 검은 모래 제각각이다. 우리 마음도 셀 수 없이 많은 기억의 조각들로 되어 있다. 가장 밝고 좋은 것도 우리 마음에 있고 가장 어둡고 악하고 나쁜 것도 우리 마음에 있다. 어디에 머무를 것인가? 수많은 기억들 중 좋은 기억에 머무를지 나쁜 기억에 머무를지는 우리의 선택이다. 생각이 떠오르는 것은 우리의 선택이 아닐 때가 있다. 떠올리고 싶지 않아서 꼭꼭 숨겨두었던 기억도 어느 순간에 비슷한 장면을 보거나 비슷한 사람을 만나거나 비슷한 향기를 맡는 등 그 일을 떠올리게 만드는 사건을 만나면 부지불식간에 떠오른다. 딱히 생각을 불러일으키는 사건이 없더라도 보통 사람의 생각이 자연스럽게 흘러갈 때 그중 반 이상이 부정적인 생각이라고 한다.

　마치 유튜브에서 음악이 재생될 때와 비슷하다. 내가 음악을 선택할 때도 있지만 그냥 내버려두면 자동으로 추천 음악이 이어서 재생된다. 내가 과거 언젠가 들었던 음악일 수도 있고 어떤 연관인지 구체적으로는 알 수는 없지만 지금 나오는 것과 관련된 음악일 수도 있다. 우리는 자신에게 좋아하는 것을 선택할 권리가 있다는 사실을 잘 알고 있다. 그래서 싫어하는 음악이 나오면 끄거나 좋아하는 음악으로 바꾼다. 지금은 그냥 참고 들을까 생각이 들어도 앞날을 위해서라도 바꿔야 한다. 귀찮아서 혹은 방법을 모른다는 이유로 그냥 내버려두면 유튜브 알고리즘은 내가 그 음악을 좋아하는 줄 알고 더 자주 반복해서 튼다. 싫어하는 음악을 계속 듣는 건 괴롭다.

우리의 뇌에서도 이와 비슷한 일들이 일어난다. 생각은 통제할 수 없이 불쑥불쑥 튀어나온다. 하지만 그렇다고 속수무책으로 그 생각에 휩쓸려야 하는 것은 아니다. 생각은 내 머릿속에 있는 어떤 기억의 조각이나 연상의 고리에서 나올 뿐이고 그것을 통제할 수 있는 힘은 나에게 있다. 떠올리고 싶지 않은 기억이 떠오를 땐 그 생각을 멈추고 다른 생각을 하거나 아예 다른 활동을 하면 된다. 그러면 그 생각이 가져다주는 이차적인 부정적 감정들은 더 이상 나의 것이 아니다. 그냥 생각이 시키는 대로 더 파고들거나 무력감을 느끼며 자책할 필요가 없다. 힘든 생각을 계속 반복하는 것은 싫어하는 음악보다 훨씬 더 괴롭다.

반대로 좋은 기억, 나에게 힘이 되는 생각은 일부러라도 자꾸 떠올리고 그 속에 오래 머무를 필요가 있다. 좋아하는 사진을 책상 위에 두고 좋아하는 향수를 사고 나를 응원하는 문구를 벽에 붙여두는 것은 실제로 좋은 생각들을 떠올리게 만들어주고 안 좋은 일이 있을 때도 기분을 전환시킬 수 있도록 도와준다. 찾아보면 대단하지 않더라도 더 행복해질 수 있는 여러 가지 방법들이 있고 나에게 맞는 방법을 가능한 한 많이 찾는 노력이 필요하다.

마음속에 떠오르는 나쁜 생각들을 멈추고 좋은 생각들을 많이 하기 위해서는 나의 생각과 그 생각으로 인해 생겨나는 감정에 항상 귀를 기울이고 있어야 한다. 지금 내 마음이 어떤지 들여다보는 것이다. 그래야 나도 모르게 부정적인 생각에 더 깊이 파고들기 전에 서둘러 빠져나올 수 있다. 나의 생각을 선택하고 통제할 수 있는 권리와 책임을 포기해서는 안 된다. 내 마음의 플레이리스트는 나의 것이고 나만이 켜고 끌 수 있다.

즐거움을 찾아서

"행복을 느끼는 뇌가 퇴화한 것 같아. 뭘 해도 즐겁지가 않아." 어느 날 친구가 한숨을 쉬며 말했다. "사는 게 다 그렇지 뭐. 나도 그래." 다른 친구의 말에 모두들 조용히 고개를 끄덕거릴 뿐이었다.

어떤 사람은 계절의 변화만으로도 신이 난다. 여름에는 파도가 넘실거리는 바다에 가고 아이스 아메리카노를 쭉 들이킬 생각만으로도 기분이 좋고 겨울에는 거리마다 반짝이는 불빛들과 크리스마스 선물들을 생각만 해도 설렌다. 그런데 어떤 사람은 여름이 되면 올해는 얼마나 더울까 생각만 해도 끈적거리는 것 같고 겨울이 되면 벌써 무릎이 시려오는 것 같다. 개인마다 행복감을 느끼는 데는 타고나는 차이가 있지만, 살아가면서 변화도 생긴다. 갓 스무 살이 되었을 때는 영화 한 편, 맥주 한 잔만으로도 행복했는데 이제는 고급 레스토랑, 비싼 와인을 마셔도 그 순간 맛있다, 좋다고 생각할 뿐 행복하다는 느낌은 아니다. 이게 단순히 나이 듦만의 문제는 아닌 것이, 젊어서 자식들을 키울 때는 아이가 귀여운지도 모르고 늘 쫓기듯이 살았는데 나이가 들고 나니 꽃한 송이, 손주의 발바닥만 봐도 마음이 벅차오르고 좋다고 한다.

왜 이런 일이 생길까? 즐거움이나 행복을 느끼기 어려운 것은 어쩌면 우울감 때문일지도 모른다. 우울증에서는 우울, 무기력감과 함께 일상적인 흥미가 떨어지고 재미있던 것도 시들해지기 때문에 우울한 시기라면 충분히 그럴 수 있다. 혹은 의무감과 책임감 때문일 수도 있다. 하고 싶은 일이 아니라 해야 하는 일들을 할 때 즐겁기란 어렵다. 부모나 책임자처럼 마냥 즐기기만 할 수 있는 위치가 아니라서 그럴 수도 있다. 무언가를 많이, 더 해주고 싶은 마음이 정작 즐거움을 방해하는 것이다. 아이들과 동물원에 놀러가서 같이 노는 건지 동물에 대한 수업을 하는 건지 애매해 보이는 가족들도 많다. 즐겁게 파티를 하기 위해 사람들을 초대했는데 다들 즐거운 시간을 보내는지, 음식은 적당한지, 누가 소외되고 있는 것은 아닌지 신경 쓰느라 정작 나는 하나도 좋지 않고 피곤하기만 하다.

걱정과 불안이 너무 많아도 즐겁기 어렵다. 혹시나 예

상치 못하게 발생할지 모르는 위험한 상황을 미리 파악하기 위해 온 신경이 거기에 집중되어 있다. 즐거움의 대명사인 놀이동산을 가서도 이 놀이기구가 잘못돼서 사고가 나면 어쩌지, 몇 시까지 놀아야 내일 피곤하지 않으려나, 나중에 집에 돌아갈 때 차가 막히면 어쩌지 등 별의별 걱정을 하느라 마음이 꽉 차서 즐거움이 들어갈 틈이 없다. 그러다 보니 눈앞에 즐거움이 있어도 놓쳐버리고 만다.

일상의 행복을 찾기 위해 아이와 같은 마음으로 살아야 된다고들 이야기한다. 아이 같은 마음은 순간에 집중할 수 있는 마음이다. 남도 생각하지 말고 다음에 일어날 일도 생각하지 말고 지금 내가 있는 곳, 내가 하고 있는 것, 나의 기분에 몰두하는 것이다. 그동안 열심히 살아온 우리가 해왔던 방식들, 더 좋은 사람이 되고 더 안전하게 살고 미래에 잘 대응하기 위해 해온 방식 자체가 잘못되었다는 말은 결코 아니지만 그래도 가끔은 그런 것들을 다 잊어버리고 그냥 정말 아이처럼 푹 빠져서 즐기고 놀 수 있는 시간이 어른이 되어버린 우리에게도 꼭 필요하다. 최소한 즐기기 위한 시간에는 말이다. 노는 시간에 집중할 수 있는 사람이 일하는 시간에도 몰두할 수 있다.

Part 5

혼자 해결할 수 없다면

01

정신과는 언제 가야 할까

늘 흔들리는 삶을 사는 우리지만 때에 따라 어떤 파도는 특별히 넘기 어려울 수 있다. 정신과에 가봐야 할지 고민을 한다는 것은 그만큼 내가 힘들다는 뜻이다. 아무 문제가 없을 때는 누구나 여유로울 수 있고 너그러우며 자비로울 수 있다. 하지만 어려움에 빠졌을 때는 다르다. 어려움에 어떻게 대처하는지는 사람마다 다른데 어쩌면 힘들 때의 모습이 진짜 그 사람의 모습인 것 같기도 하다. 누군가는 자신을 탓하고 누군가는 남을 탓하고 누군가는 주저앉아버리고 누군가는 방법을 찾는다.

심리적인 병은 눈에 보이지 않기 때문에 간과되기도 하고 반대로 막연한 두려움을 갖게 되기도 한다. 분명히 병인데도 주변 사람들에게 성격이나 의지의 문제로 치부되기도 한다. 어떤 경우는 타고난 기질 또는 성격과 관련된 너무나 오래 지속되어온 문제라 어디에서부터 시작해야 할지 모르는 경우도 있다. 오랫동안 겪어온 일일수록 변화할 용기를 가지기 어렵다. "나는 원래 이런 사람이야" "쟤는 원래 저런 사람이야"라는 말은 스스로를 틀에 가두고 변화의 의지를 꺾어놓는다. 또 워낙에 오래된 문제일수록 단시간에 쉽게 바뀌지 않기 때문에 나아지는 것 같다가도 모두 헛수고라는 생각이 들고 제자리걸음을 반복하는 것 같아 지칠 수 있다. 하지만 그냥 포기하고 싶어도 무엇보다 소중한 내 인생이기 때문에 외면할 수도 포기할 수도 없다.

좋아질 수 있을까? 달라질 수 있을까? 두려움은 누구나 가질 수 있다. 변화란 말처럼 쉽지 않고 하루아침에 뚝딱 되지도 않는다. 하지만 중요한 것은 두렵지만 그럼에도 한 발짝 나아가느냐 그렇지 못하고 제자리에 머물러 있느냐는 것이다. 더 이상 그대로일 수 없는 순간이 오기 전에 아주 작게나마 나아지겠다는 결심을 한다면 거기가 변화의 시작이다. 작은 변화는 큰 변화를 이끌어낸다.

사람이 느끼는 고통, 불편함의 정도는 다르고 병원을 가는 기준도 조금씩은 다르다. 어떤 사람은 소화가 조금만 안 되어도 병원에 가고 어떤 사람은 거의 쓰러질 지경이 되어서야 겨우 남의 손에 이끌려 병원에 간다. 심리적인 고통도 비슷한 것 같다. 병원에 갈지 말지를 정할 때 실제 질병의 경중도 물론 중요하지만 경험하는 사람이 느끼는 정도, 현재 처한 상황, 내 마음 상태를 알아차리는 능력에 따라서도 달라진다. 결국 스스로 얼마나 힘들다고 느끼느냐가 제일 중요하다.

내가 상상할 수 있는 내 마음이 가장 편안하고 좋은 상태를 0점, 가장 힘들고 고통스러운 상태를 10점이라고 본다면 지금 내 마음은 몇 점 정도일까? 통증의 정도를 계산할 때도 이런 방법을 쓰는데 과연 이게 정확할까 싶지만 대부분 사람의 직관은 놀라울 정도로 맞다. 만약 내 점수가 0~3점이라면 굳이 병원에 가지 않아도 되겠지만 7~10점은 병원에 가야 할 것이다. 그리고 4~6점은 개인의 선택에 달린 문제가 아닐까 생각한다.

고민하지 말고 반드시 병원에 가야 하는 경우도 있다. 모든 심리적 문제가 잠시 앓고 지나가는 마음의 감기는 아니다. 어떤 감기는 폐렴이 된다. 적극적인 치료가 필요한 경우는 지금까지 경험해왔던 것과는 다른, 심한 정도의 심리적 어려움이 오래 지속되고 일상생활에 지장을 줄 때다. 만약 자해(자신에게 상해를 입히는 것뿐 아니라 넓게 봐서 건강을 해치거나 위험한 상황에 자신을 내버려두는 것도 포함된다)나 타해(다른 사람을 해하는 행동)의 우려가 있는 경우에는 입원을 고려해야 한다.

병은 그야말로 치료해야 할 대상이지 단순히 의지로 해결할 것은 아니다. 병을 의지와 노력의 문제로 치부해버린다면 오히려 적절한 치료를 방해할 뿐 아니라 불필요한 좌절감, 자책감을 가지게 된다. 주변 사람들도 노력 부족을 탓하게 되고 서로 이해하지 못한 채 서운함이 쌓이고 갈등이 생겨버리고 만다.

우울해서 아무것도 할 수 없을 때

∨

우울감은 누구나 겪을 수 있지만, 흔하다고 해서 별것 아닌 상태라고 볼 수는 없다. 조금만 기분이 나빠도 하루가 엉망이 되어버리기 마련인데 평소와는 확연히 다른 정도의 우울감이 지속되면 당연히 괜찮을 리가 없다. 우울증은 단순히 기분만의 문제가 아니라 기운이 없고 에너지가 떨어지면서 평상시 잘하던 일도 할 수 없게 만들고 집중력과 판단력에 영향을 주어 결정을 내리기 어렵게 만들거나 잘못된 결정을 내리게 만들기도 한다. 우울증도 다 똑같은 모습은 아니다. 식사를 잘 하지 못해서 살이 빠지기도 하지만 반대로 폭식을 할 수도 있다. 수면 패턴에도 영향을 주어 잠을 자지 못하거나 계속 잠만 잔다. 푹 가라앉는 우울증도 있지만 짜증 나고 예민해지는 경우도 있다. 이 경우 우울증이라 생각하지 못하고 주변 사람들도 '왜 저렇게 예민해?'라고 생각하며 잦은 다툼이 생기고 사이가 멀어지기도 한다.

이렇게 우울증은 기분과 신체, 생활 전반에 영향을 미치는 병이기 때문에 치료가 필요하다. 특히 불면, 심한 무기력감 등으로 아무것도 하기 어려운 경우에는 의지가 없는 것이 병의 증상이기 때문에 의지로 극복하라는 것은 모순이다. 우울증 환자에게 힘내서 이것도 해보고 저것도 해보라는 조언을 하기 쉽지만 노력하고 마음먹어서 될 문제였으면 애초에 병이라고 하지도 않을 것이다. 에너지가 생겨날 수 있는 어느 정도까지는 의학적인 도움이 필요하다. 우울증에서 발생하는 세로토닌, 노르에피네프린, 도파민 같은 뇌 신경전달물질의 불균형 상태를 약을 통해 조절할 수 있다. 약은 수면의 질을 호전시키고 에너지를 높여주며 불안감과 우울감을 나아지게 해, 의지를 가지고 노력을 시작할 수 있는 컨디션을 만들어주는 역할을 한다.

그런데 어느 정도 에너지를 회복한 후에도 복잡한 걱정들, 해결되지 않은 일들이 마음을 짓누르고 있는 경우가 많다. 무엇을 해도 마음이 편치 않고 아무것도 할 수 없다고 느껴진다. 아무것도 시도하지 못하거나 큰맘 먹고 무언가를 시도했다가 이내 실패하고 다시 움츠러든다. 야구에서 게임이 잘 안 풀릴 때 한 번에 만회하기 위해 홈런만 노리면 삼진 아웃을 당하거나 뜬공이 되어버리기 일쑤다. 그럴 때는 짧은 번트를 치는 전략을 택하는 것이 낫다. 분위기를 반전시키고 악순환의 흐름을 끊어 기회를 노리는 것이다. 삶에서도 마찬가지로 벽에 부딪쳤을 때 너무 큰일을 생각하거나 너무 먼일을 생각하면 아무래도 엄두가 잘 안 난다.

너무 지치고 힘들 때는 가장 기본적인 것, 일단 움직이는 것부터 시작해야 한다. 아침이 되면 일어나고 귀찮아도 식사를 매끼 골고루 챙겨 먹고 물을 마시고 낮 동안 햇빛을 보며 몸을 움직이고 밤이 되면 자는 규칙적인 생활. 이런 루틴이 우리 몸과 마음에 미치는 영향은 생각보다 크다. 적절한 난도의 운동도 좋다. 몸에 근육이 생기면 마음에도 근육이 생긴다. 고개를 들고 가슴을 쭉 펴면 마음도 조금 펴진다. 마음이 단단해지고 싶은데 방법을 모르겠다면 일단 몸을 단단하게 만들어보자. 운동은 신체를 단련하는 효과뿐 아니라 정신을 집중하는 효과가 있어서 부정적인 생각에 빠지는 것을 막아줄 수 있다.

요즘에는 우울증에 대한 이해도가 높아지고, 전에는 치료해야 한다고 생각하지 못했던 생리 전 증후군이나 육아 스트레스로 병원을 찾아오는 경우도 많다. 생리 전 증후군은 생리가 시작하기 7~10일 전부터 식욕이 늘고 피로감, 두통과 같은 신체적 변화와 우울, 불안, 예민함과 같은 심리적 변화가 나타난다. 꼭 한 달에 한 번은 남자친구와 대판 싸우게 된다는 여자 환자가 있었다. 싸움은 늘 작은 것에서 시작해서 극단적인 흐름을 타고 눈덩이처럼 커졌다. 자세히 들어보니 싸우는 날은 보통 생리 전 기간이었다. 물론 두 사람의 다툼에 한쪽의 문제만 있는 것은 아니었고 남자친구가 원인인 경우도 많았다. 하지만 내가 예민한데 상대가 받아주지 못하거나, 상대가 예민한데 나도 예민하게 대하면 별것 아닌 이유에서도 큰 다툼이 생겨날 수 있다.

임신과 출산은 여성의 신체에 많은 영향을 미치는데 심리적으로도 그렇다. 출산 후에 우울감을 경험하는 경우는 매우 흔하고 열 명 중 한두 명은 산후우울증을 진단받는다고 한다. 호르몬에 의한 우울감과 육아 스트레스가 겹치면 출산 후 몇 년은 여성들에게 행복한 것 이상으로 힘든 시간이 될 수도 있다. 기분은 그 자체도 중요하지만 행동과 관계에 영향을 미치기 때문에 더욱 중요하다. 원래 육아는 힘든 거니까, 다들 힘들다고 하니까 나만 더 힘든 것은 아닐 거라고 꾹꾹 참기만 하다가 병원에 온 뒤 왜 미리 치료를 받지 않고 그동안 아이에게 화만 냈을까 후회하는 사례도 많이 보았다. 늦은 결심은 망설이다 지나간 시간만큼 후회되는 순간들을 쌓이게 만든다. 그 후회되는 순간들이 마치 없었던 일처럼 그냥 사라져버리면 다행이지만, 보통은 내 마음과 소중한 사람의 마음에 또다른 상처를 만들어낸다. 오래될수록 돌이킬 수 없거나 회복하기까지 많은 노력이 필요하다.

죽고 싶다는 생각이 들 때

∨

우리나라 자살률이 전 세계적으로 보아도 높다는 건 이제 모르는 사람이 없을 정도다. 사람들은 너무나 힘든데 매체에서는 자살과 관련한 소재가 너무 많이 보이고 심지어 미화되기까지 한다. 그러다 보니 자살의 심각성에 비해 사람들이 자꾸 무감각해지고 있는 건 아닌지 걱정될 때가 있다.

누구나 힘들 때는 '그냥 콱 죽어버릴까' 하는 생각을 할 수도 있다. 하지만 대부분은 진심으로 죽고 싶다기보다는 그만큼 지금이 괴롭고 힘들어서 편해지고 싶거나 이제 그만 힘든 상황에서 벗어나고 싶다는 의미일 때가 많다. 하지만 매일을 죽음과 관련한 생각에 사로잡혀 있거나 실제로 삶을 포기하길 시도했다면 그건 전혀 다른 이야기다. 만약 애를 써도 죽음과 관련한 생각에서 헤어나올 수 없거나, 자살 충동을 스스로 막을 수 없다고 느낄 때, 혹은 실제로 자살을 시도한 경우는 반드시 치료를 받아야 한다. 보통 우울증에서 많이 보이는 사례지만, 꼭 우울증이 아니더라도 자살 사고는 있을 수 있다. 특히 충동적이고 욱하는 사람은 평상시에 자살을 깊이 생각하지 않다가도 스트레스를 받은 상황에서 갑작스러운 행동을 보이는 경우가 많다. 술을 마셨을 때는 감정 기복과 충동성이 더욱 심해지기 때문에 위험하다. 실제 응급실을 찾아오는 자살 시도자의 상당수가 술에 취한 상태다. 그래서 우울증이 심하거나 자살에 대한 생각이 있는 경우에는 반드시 술을 끊어야 한다.

사망으로 이어질 가능성이 낮은 자해나 자살 시도도 마찬가지로 위험하다. 간혹 가벼운 시도를 주변 사람들이 '쇼'라고 생각하거나 '관심'을 끌기 위한 방법이라고 생각하는 경우가 있다. 하지만 젠가 게임을 할 때 한 조각은 작아도 하나씩 빼다 보면 어느 순간 와르르 무너지는 것처럼 그런 시도들이 쌓이고 점차 심각도가 높아지면서 어느 순간에는 사망에 이르고 만다.

자살은 정신과적으로 초 응급상황이다. 정신과에서 일어날 수 있는 가장 안 좋은 상황 중 하나이고 정신과 의사라면 절대로 겪고 싶지 않은 일이기도 하다. 자살은 당사자에게는 물론이거니와 남겨진 사람들에게도 너무나 큰 상처를 남긴다. 그래서 어떤 경우에 사람들은 누군가에게 그렇게 상처를 주기 위해 극단적인 선택을 한다. 하지만 그 누군가가 얼마나 대단한 사람인지 몰라도 그에게 상처를 주기 위해 걸어야 할 것이 나의 목숨이라면 그건 아무리 생각해도 너무 손해다. 상대에게 할 수 있는 가장 좋은 복수는 더 이상 그를 신경 쓰지 않고 내가 더 잘 살아가는 것이다. 나를 집어삼킬 수 있는 영향력을 스스로 남에게 내어줄 이유가 없다. 그것도 세상에서 가장 증오하는 사람에게 말이다.

어떤 사람들은 내가 죽으면 모두 편해질 것이기 때문에 죽고 싶다고 말하기도 한다. 몸이 아파서 가족의 돌봄을 받아야 하는 상황에서 그런 마음이 들 수 있고 가까운 사람과 갈등 상황에 있거나 다툼 후에 충동적으로 자살 시도를 하는 경우에도 그럴 수 있다. 자식들의 부양을 받는 노인들이 점점 몸이 약해지고 아픈 곳이 늘어나면서 자식들에게 짐이 되는 것 같아 미안한 마음에 극단적인 선택을 하거나 청소년들이 부모님과 싸우다가 부모님이 "너 때문에 못 살겠다!"라고 말하는 것을 듣고 '그러면 내가 없으면 편하겠네?'라고 생각해 극단적인 선택을 한다. 어쩌면 순간적인 감정이었겠지만 하필 위험한 시도를 한 경우 운이 나쁘면 돌이킬 수 없게 되어버리고 만다.

사람마다 사정은 다 다르지만 돌이킬 수 없는 것은 무섭다. 소중한 이를 잃은 사람들은 너무나 고통스럽고 힘들어한다. 괴로운 감정들을 감당할 수 없어 현실을 부정하기도 한다. 겨우 현실을 받아들여도 사건의 원인을 찾고 자신을, 세상을 탓하다가 죽은 사람을 원망하면서 반복되는 슬픔과 분노 사이에서 무력해지고 만다. 그리고 남겨진 시간들을 수없이 많은 생각과 감정에 시달려야 한다. 슬픔, 미안함, 죄책감, 배신감, 분노, 후회. '내가 미리 알았더라면, 그렇게 행동하지 않았더라면…' 견디기 힘든 죄책감을 조금이

나마 덜고 마음의 상처를 달래기 위해 여러 노력들을 해보아도 극복하기란 쉽지 않다. 때로는 주변의 반응이 상실을 경험한 사람들을 더욱 힘들게 만들기도 한다. '네가 좀 잘해주었으면 다르지 않았겠느냐'는 안타까움부터 극단적으로는 '너 때문이다'는 원망까지 이차적인 고통을 겪게 된다. 하지만 상처받은 서로가 서로를 원망할수록 아픔만 더 깊어질 뿐 나아지는 것은 없다.

그러나 아무리 남겨진 사람들이 슬퍼한다 한들 떠나간 사람의 마음에 비할까 싶다. 그가 어떤 마음으로 살았는지, 어떤 마음으로 죽음을 바랐고 극단적인 선택을 했는지 당사자가 아니고서야 완벽히 이해할 수 없다. 그리고 그가 마지막 순간에 어떤 생각을 했는지도 아무도 알 수 없다. 하지만 한 가지, 그 사람의 모든 이야기와 모든 가능성이 사라져버렸다는 사실만은 확실하다.

우리의 미래는 아무도 모른다. 현재의 고통이 너무 심하면 미래를 꿈꾸기 어렵지만 오히려 그 누구도 당장 내일 무슨 일이 일어날지 알 수 없다는 것은 역설적인 희망을 준다. 모두가 똑같은 처지이고 모두가 아무도 알 수 없는 미지의 내일을 용기 내어 살아가야 한다. 삶과 죽음은 늘 맞닿아 있기 때문에 죽음을 인식한다는 것 자체가 삶을 인식한다는 반증일지도 모른다. 죽고 싶다는 것은 그만큼 살고 싶다는 뜻일 수도 있다. 너무나도 살아가고 싶은데 그게 잘 안 되니 역설적으로 죽음을 선택하는 것이다. 잘 죽는 것은 잘 사는 것의 다른 말이다. 죽음은 그 사람의 삶을 반영하는 경우가 많기 때문이다. 그래서 사람은 잘 살고 싶은 만큼 잘 죽기를 원한다.

하지만 극도의 고통과 좌절은 이성적인 생각을 마비시키고 만다. '힘들다, 더는 희망이 없다, 편해지고 싶다, 놓아버리고 싶다, 끝내고 싶다, 이제 그만 쉬고 싶다' 이런 말들은 얼마나 큰 고통에서 나오는 것일까 싶다. 삶은 괴롭고, 외롭고, 어려운 것인데 어떤 사람들에게는 특히 더 그렇다. 내가 그 상황이었다면 버틸 수 있었을까 생각이 들 때도 있다. 하지만 그렇다고 해도 그 결말이 스스로 맞이하는 죽음이 되지는 않았으면 좋겠다. 죽는 건 정말로 종결, 끝 이상의 무엇이다. 그토록 원하던 이제는 쉴 수 있다, 편안하다는 감정도 느낄 수 없고, 자신을 괴롭혀왔던 문제도 해결할 수 없고, 그렇다고 나라는 존재가 깨끗이 사라지는 것도 아니다. 내가 남겨놓은 것들은 여전히 주인을 잃은 채 그대로 남아 있다.

죽음을 결심한 사람의 아픈 마음을 다 헤아릴 수 없어 어떤 말도 조심스럽다. 타인의 삶을 완전히 이해하기는 힘들고 어떤 고통은 위로가 어려울 만큼 너무 크다. 그리고 누군가의 생각을 바꾸는 것은 정말 어려운 일이라는 것을 시간이 지날수록 더 느낀다. 그럴 때 어떤 말을 해야 할지, 나의 말이 상대에게 어떻게 받아들여질지 늘 고민이 된다. 나의 위로가 섣부른 위로가 되고 응원의 말이 아픔을 이해하지 못하는 듯이 느껴질 수도 있다. 적당한 말을 찾기가 어렵다. 그저 나는 정신과 의사로서 돌이킬 수 없는 선택의 순간에서 아주 잠깐만이라도 멈추도록 도울 수 있기를 바란다. 결정을 조금만 뒤로 미루어도 아주 큰일이 일어나는 것은 아니니 결정을 잠시만 미루고 그 사이에 새로운 가능성과 변화의 틈이 생겨날 수 있는 기회를 가질 수 있다면, 그리고 정말 엉뚱한 것 때문에 웃고, 아주 사소한 것 단 한 가지라도 삶의 끈을 잡을 수 있는 무언가가 생기기만 한다면 그래도 살아갈 수 있다. 사람은 삶을 향하는 존재다. 어려움에 흔들릴지언정 그게 우리의 본모습이다. 누구에게나 빛나는 순간은 있었고 사랑스러운 순간도 있었고 희망에 차 있던 순간도 있었을 것이다. 죽음에 대해 상상조차 하지 않고 삶의 의욕으로 충만해 있던 시절 말이다.

자살은 반드시 치료가 필요하고, 적절한 치료를 받으면 나아질 수 있다. 스스로 멈추기 어려울 때 입원과 같은 결정이 필요하기도 하다. 시간이 오래 걸릴 수도, 한 번에 해결되지 않을 수도 있다. 중요한 건 속도가 아닌 방향이다. 느리고 멈추어 있는 것처럼 보이더라도 한 고비 또 한 고비 넘으며 힘든 하루를 버티고 살아가는 것이 바로 나아지고 있다는 의미다. 지금도 그렇게 버티며 포기하지 않고 매일을 살아가고 있는 사람들이 진심으로 너무나 고맙다.

일상생활을 유지할 수 없을 때

∨

어떤 이유에서든 평상시 잘해오던 일을 할 수 없고, 집안일이나 직장생활에서 문제가 발생하거나 중요한 대인관계에서 심각한 문제가 반복해서 생기는 경우에는 치료적인 도움을 받는 것이 좋다. 가까운 사람의 죽음 또는 갑작스러운 이별을 겪거나, 충격적인 사건을 경험한 후 다양한 심리적, 신체적인 증상이 나타나고 일상생활을 어렵게 만드는 경우는 빈번하게 나타난다. 사람은 변화에 적응하고 변화하는 존재이지만 너무 갑작스럽게 일상이 바뀌거나 스트레스가 겹쳐서 생겼을 때는 적응에 어려움을 겪을 수 있다.

불의의 사고로 다리가 부러졌을 때 부러진 다리로 계속 달리면 상처는 더욱 심해진다. 좋든 싫든 한동안은 쉬어야 한다. 같은 치료를 받아도 어떤 사람은 빨리 낫지만 어떤 사람은 그렇지 못하다. 타고난 신체적 조건, 평상시 건강 상태나 회복을 위한 노력에 따라 낫는 시기는 다르지만 분명한 건 조금씩 나아진다는 점이다.

우리의 뇌와 마음도 신체와 똑같다. 다치고 상처받았을 때는 제 기능을 충분히 발휘하지 못한다. 평상시라면 별것 아니라고 쉽게 넘어가던 일도 비수로 마음을 내리꽂는 것처럼 느껴지고, 익숙하게 잘해오던 것도 해내기 어렵다. 이럴 때는 무조건 쉬어가야 한다. 마음에 반창고를 딱 붙이고 심하면 붕대로 잘 감아두어야 한다. 나아지기 위한 시간은 생각보다 오래 걸릴지도 모른다. 하지만 그동안 우리는 멈춰 있는 것이 아니다. 회복은 더 멀리 가기 위한 필연적인 과정이다. 치료되지 않은 상처는 곪지만, 일단 나아지고 나면 더 강해진다. 전보다 나에 대해 더 잘 이해할 수 있게 되고 무엇보다 어려움을 극복했다는 경험치가 남는다. 만약 나중에 비슷한 어려움이 닥쳐와도 잘 해결할 수 있다는 자신감이 생긴다. 그리고 실제로 그런 일이 생겼을 때 과거에도 힘들었지만 해냈던 경험은 어려움을 극복하는 데 강력한 무기가 될 것이다.

02

병원에 가보기로 결심했다면

당신은 이 책을 여기까지 읽었고, 어떤 이유로든 정신과에 가보기로 마음을 먹었다. 그렇다면 이제 무엇부터 해야 할까? 어디서 첫발을 떼야 할까? 어쩌면 두렵고 막막할 것이다. 우선 다음과 같은 것들을 생각해볼 수 있다.

첫 번째 | 나와 맞는 병원 찾기

∨

같은 정신과여도 병원의 크기와 특성에 따라 나눌 수 있다. 나에게 가장 잘 맞는 병원을 찾는다면 시행착오를 줄이고 치료의 효과를 높일 수 있다.

의원 | 일반적인 진료를 받을 수 있는 가장 일반적인 곳. 보통은 입원 시설 없이 외래 진료만 하지만 30병상 이하의 입원 시설을 갖추고 있는 경우에도 의원으로 분류된다. 진료와 함께 심리검사를 하거나 상담을 받을 수 있는 상담센터를 같이 운영하는 경우가 많다. 소아 청소년을 전문으로 보는 의원에서는 일반 상담뿐 아니라 아동의 놀이치료, 언어치료, 감각통합치료, 인지치료 등 다양한 치료 프로그램을 할 수 있는 발달센터를 갖추고 있기도 하다.

병원 | 의원에서 하는 치료들에 더불어 조금 더 전문적인 입원 시설을 갖추고 있다. 질환의 급성기(질환이 초발 또는 재발해 증상이 두드러지는 시기) 치료뿐 아니라 만성적인 입원 치료가 필요한 경우에 좋은 선택이 될 수 있다. 의원과 마찬가지로 상담센터도 갖추고 있는 경우가 많다.

종합병원 | 100병상 이상의 입원 시설을 갖추고 정신과 외에 내과, 외과, 소아청소년과, 산부인과, 마취통증의학과, 진단검사의학과(또는 병리과) 등 다른 진료과도 있다. 대학병원은 종합병원의 한 종류로 종합병원 중에서 대학과 연계된 수련병원을 말한다. 인턴, 전공의(레지던트)와 같은 수련의들이 근무한다. 여러 진료과와 협진이 가능하기 때문에 내과적 질환이 심한 경우에 좋은 선택이 될 수 있다.

3차 병원 | 종합병원 중에서 중증질환에 대한 치료를 전문적으로 하는 병원으로 나라에서 지정하며 보통 규모가 큰 병원들이다. 3차 병원 진료를 위해서는 진료의뢰서가 필요하다.

일반적인 우울, 불안, 불면 같은 경우라면 근처의 정신과 의원을 찾아보는 것을 추천한다. 초반에는 힘든 증상을 어느 정도 견딜 수 있을 만큼 안정될 때까지 병원에 자주 방문해야 하고 특히 약물 치료를 하게 되면 약물을 조절하는 기간에는 주 1, 2회 정도는 방문해야 하기 때문에 너무 멀지 않은 곳이 좋다. 또 정신과 특성상 보통 한 병원을 꾸준히, 오래 다니기 때문에 거리, 진료 시간, 대기 시간 등 다니기 부담스럽지 않은 곳이 낫다. 정신과는 특수 검사나 특수 장비를 이용한 검사나 치료가 적어서 일반 의원에서도 대부분의 치료를 받을 수 있고 만약 상급병원 진료가 필요한 경우라면 진료의뢰서를 받을 수 있다.

어떤 치료 방법을 선택할지는 보통 진료 후에 결정하지만, 만약 처음부터 반드시 심리치료를 원하는 경우라면 방문 전에 심리치료가 가능한지 먼저 확인해보는 것도 좋다. 근래에는 심리치료를 원하는 분들이 많기 때문에 거의 모든 정신과 의원에서 심리치료를 진행한다.

만약 자해나 타해의 위험이 있는 경우라면 입원이 필요하기 때문에 입원 시설을 갖춘 병원으로 가는 것이 낫다. 또 조현병, 조울증처럼 증상이 나빠졌을 때 입원이 필요할 가능성이 높은 질환의 경우에도 아예 처음부터 입원 시설을 갖추고 있는 병원에 가는 것이 나을 수 있다. 만약 자해나 자살을 시도했거나 환청, 망상(비논리적이고 잘못된 믿음)이 너무 심하고 행동 조절이 어려워서 당장 입원이 필요한 경우에는 여기저기 병원을 다니는 것 자체가 많이 어렵기 때문에 미리 병원에 현재 입원이 가능한 상황인지 연락 후 방문하는 것이 좋다. 만약 상황이 여의치 않거나 증상이 너무 심한 경우에는 응급실에 가면 된다.

만성질환, 항암치료처럼 내과적 질환이 중한 경우에 다니는 곳에서 현재 질병 상태나 복용 약에 대한 정보를 미리 알아가거나 아예 해당 병원에 정신과가 있는 경우 그곳을 방문하면 진료기록지를 떼는 등의 번거로움을 덜 수 있다. 내과적, 신경과적 질환 때문에 심리적인 문제가 생긴 경우에도 여러 진료과목 사이의 협진이 용이한 종합병원을 방문하는 것이 나을 수 있다.

어느 병원에 방문할지 정했다면 예약을 하자. 의원이나 병원마다 방침이 다르지만 정신과 진료는 보통 예약제로 운영하는 경우가 많고 특히 첫 진료에서는 재진에 비해 진료 시간이 많이 필요하기 때문에 거의 예약이 필수다. 그래서 갑자기 병원에 갔을 때 상황이 여의치 못하면 막상 진료를 받지 못할 수도 있다. 예약을 하려고 해도 내원 환자가 많거나 진료 시간을 여유 있게 잡는 병원의 경우 진료가 가능한 날짜가 한참 밀려 있는 경우도 있다. 물론 예약을 해놓고 오지 않는 경우도 많이 있기 때문에 다시 연락을 해보면 취소된 예약이 있을 수 있다. 새로 생긴 병원처럼 예약이 조금 쉬운 병원을 찾는 것도 좋다. 개인적인 생각으로는 너무 바쁜 곳보다는 충분한 진료 시간을 들일 수 있는 병원이 나은 부분도 있을 것 같다. 특히 초진이라면 더욱 그렇다.

만약 극심한 우울이나 불안, 충동이 심한 응급상황에는 천천히 예약을 하고 기다릴 여유가 없다. 그럴 때는 정신과 전문의 혹은 정신과 전공의의 진료를 받을 수 있는 응급실에라도 방문해야 한다. 응급처치를 받으면 급한 증상을 조절할 수 있고 진료 후 필요하다면 바로 입원을 하게 될 수도 있다.

두 번째 | 나와 맞는 의사 찾기

∨

정신과 전공의 트레이닝을 받고 국가시험에 합격한 정신과 전문의는 모든 정신과 질환에 대한 전문적인 지식을 가지고 있고 진단과 치료가 가능하다. 경우에 따라서 정신과 전문의 취득 후 소아, 노인, 중독, 불안, 우울 등 다양한 세부전공을 할 수도 있다. 치료진이 많은 대학병원에서는 세부전공에 따라 초진 접수를 받기도 한다. 특히 분석이나 소아청소년정신의학 세부전문의인 경우 개인의원에서도 더 전문적으로 진료를 하는 경우도 있다. 하지만 이 경우에도 전체 정신질환의 진료가 가능하다.

정신과 자체가 의사와 환자 간의 상호작용이 많고 자신에 대해 비밀스러운 부분도 털어놓는 곳이다 보니 다른 과에 비해 정신과 의사의 여러 특성에 따라 선호도가 달라지기도 한다. 남자 의사를 선호하거나 반대로 여자 의사를 선호할 수도 있고 연령대가 높은 의사를 찾기도 하고 젊은 의사를 찾기도 한다. 사실 이상적인 치료는 의사의 특성과 상관없이 중립적으로 이루어지는 치료이긴 하지만 처음 병원에 갈 때 조금 더 편한 마음으로 갈 수 있고 한 번

가고 그만두는 일 없이 꾸준히 다닐 수 있는 것이 가장 중요하기 때문에 내가 더 잘 맞는다고 느낄 수 있는 의사를 찾아가는 것도 괜찮다.

　그리고 만약 진료를 받고 정말 나와 잘 맞지 않는다고 느낀다면 다른 병원에 갈 수도 있다. 그런데 처음 판단만으로 결정하지 말고 힘들어도 최소한 몇 번은 꾸준히 다니는 게 좋다. 왜냐하면 간혹 안 맞는다는 느낌이 사실은 치료에 '저항'하는 감정일 수 있어서 그렇다. 처음 병원에 가는 것이 쉽지 않은 것처럼 두 번째, 세 번째 진료라고 해도 정신과에 찾아가고 내 이야기를 하는 것이 어려운 것은 마찬가지다. 어려운 것은 누구라도 피하고 싶어진다. 데이트를 할 때도 오히려 첫 데이트는 어차피 처음이니 큰 부담감 없이 나가더라도 두 번째는 조금 더 무게감이 느껴질 수 있다.

　처음 진료를 받고 너무 좋아서 또 가고 싶다는 사람도 물론 있겠지만 많은 사람들이 두 번째 방문 전에 첫 방문 못지않게 많은 고민을 하고, 피해버리고 싶은 마음을 용기 내어 극복하고 찾아온다. 따라서 만약 병원에서 느낀 거부감이 사실은 진료 자체를 피하고 싶은 마음에서 비롯된 것이라면 억지로라도 다니면서 차츰 자신이 느끼는 어려움이나 불편감에 대해 터놓고 이야기하는 것이 좋다. 쉬운 일은 아니다. 하지만 이 경우에는 병원을 바꾸더라도 결국 마찬가지다. 또 비슷한 이유로 계속 병원이 바뀌고 결과적으로 꾸준한 진료를 받지 못한다. 어느 정도 진료가 진행되고 서로가 익숙해지고 이해도가 높아져야 편하게 이야기할 수 있고 속마음도 터놓을 수 있는데, 자주 병원을 바꾸면 그 시간을 충분히 갖지 못하고 중단되어버린다.

모든 변화에는 두려움이 따른다. 그 두려움을 맞닥뜨리지 않고 스스로를 보호하기 위해 우리 마음은 거짓말을 할 때도 있다. 특히 주변의 권유로 병원에 억지로 가는 상황이거나 스스로 가야 할 필요성은 느끼지만 그만큼 거부감이나 두려움도 큰 상황이라면, 우리 마음은 본능적으로 피할 수 있는 여러 가지 이유들을 찾아내기 마련이다. 나의 무의식적인 두려움의 원인을 명확히 알기는 어렵더라도 무조건 나아지고 말겠다, 결코 피하지 않겠다는 의지로 그 두려움을 이겨내야 한다.

물론 첫 진료에서의 불편감이 실제 불쾌한 경험에 의해 발생했다면 그 이유로 아예 치료를 포기하는 것보다는 다른 병원을 찾아가는 것이 훨씬 더 낫다. 찾아보면 정신과 의원은 많고 나에게 더 잘 맞고 편안하게 느낄 수 있는 곳은 얼마든지 있다. 모두가 좋다고 해도 나와 안 맞을 수 있고 그 반대도 있다. 요즘은 인터넷에 병원에 대한 후기도 많은데 후기를 보면 꼭 모든 평가가 동일하지는 않다. 특히 진료와 관련해서는 여러 가지 이유로 내가 경험하는 것이 다른 사람의 생각과 다를 수 있기 때문에 의사에 대한 고민으로 어느 병원에 갈지 고르느라 귀중한 시간을 너무 낭비하지는 않았으면 좋겠다. 생각은 멈추고 일단 가보고 나서 결정해도 늦지 않다.

세 번째 | 첫 진료

∨

예약일에 병원을 방문하면 보통은 진료를 받을 때 참고할 수 있는 간단한 검사지와 설문지를 제공하는 경우가 많다. 검사지는 보통 우울, 불안 등을 평가하는 척도들로 구성되어 있다. 간단한 질문들이지만 증상과 심각한 정도를 빠르게 확인할 수 있는 연구결과가 확인된 검사이므로 솔직히 답하자. 설문지는 병원에 오게 된 간략한 이유, 병력과 관련한 사항이나 개인 인적사항 등을 조사한다. 간혹 자신의 인적사항, 가족력이나 학력, 직업 등을 말하는 것을 꺼리기도 하고 왜 이런 것을 적어야 하는지 질문을 받는 경우도 있는데 이런 부분을 확인하는 이유는 앞서 말했듯 심리적 문제에서 환경적 요인의 영향이 크기 때문이다. 내담자의 상황은 다 다르고 가능한 정확하게 상황을 아는 것이 이해를 돕고 더 적절한 조언을 가능하게 한다. 문제와 관련한 환경적 요인뿐 아니라 개인의 강점, 지지 체계를 파악할 수도 있다. 말로 확인하기에 너무 시간이 걸리는 자세한 내용들을 아는 것이 진단과 치료 계획을 세우는 데 도움이 된다.

내가 정신과 트레이닝을 받을 때 정신과적 진료는 내담자가 문을 열고 들어오는 순간부터 시작된다고 배웠다. 실제로 정신상태검사 항목에는 내담자의 외적 모습, 눈 마주침 같은 것이 포함되어 있다. 스스로의 의지로 왔는지, 누구와 함께 왔는지, 진료실에 들어오는 방식, 어디에 앉는지, 태도, 몸짓 등 모든 행동이 내담자의 성격과 현재 심리 상태를 반영한다. 옷차림도 그렇다. 좋은 옷, 비싼 옷의 문제가 아니라 우울증 환자들은 외모를 가꾸지 못하고 헝클어져 있거나 모자를 푹 눌러쓰기도 한다. 반면 조증 환자들은 화려하고 알록달록한 옷을 입기도 한다. 무의식적인 행동과 자극에 대한 자동적인 반응은 말로 하는 의식적인 내용보다 더 상대방을 잘 이해하게 도와줄 때가 있다. 이러한 비언어적인 의사소통이 정신과에서는 매우 중요하고 그게 전화 상담이나 이메일 상담이 대면 진료를 대체할 수 없는 이유이기도 하다.

내담자가 자리에 앉고 인사를 나누고 의사는 내담자가 병원에 온 이유와 어떤 것이 가장 힘든지를 확인한다. 증상에 대한 질문, 일상생활에 대한 질문, 과거 어떻게 지냈는지, 가족이나 주요 관계들은 어떤지 등을 물어보고 그 밖에 내담자를 이해하는 데 도움이 된다고 판단하는 여러 가지 질문을 하게 된다. 개인마다 첫 진료에 드는 시간은 제각각이다. 비교적 빠르게 문제가 파악되는 경우도 있고 애매한 상황이라 많은 질문이 필요한 경우도 있다. 첫 진료에서 진단이 내려지지 않는 경우도 흔하다. 그런 경우 치료 계획을 잡기 위해 추가 검사나 면담이 필요할 수 있다.

대부분의 환자들은 첫 진료에서 긴 세월 응어리졌던 마음을 풀어내고 개운해지기를 원하고 의사들은 첫 진료에서 내담자의 문제와 어려움을 파악하고 예상되는 진단과 치료 방법을 계획하기 원한다. 이 두 가지는 비슷하기도 하지만 조금 다를 수도 있는데 여기서 서로의 기대가 부딪치는 경우가 종종 생기는 것 같다.

만약 내담자가 겪는 어려움에 대해서 의학적인 평가를 내리려 하는데 내담자의 이야기가 계속 한곳에 머무른다면, 지금 하는 이야기를 중단시키고 필요한 다른 부분을 확인하며 진료를 진행해야 하는 경우도 있다. 그랬을 때 내담자는 내 이야기를 끊는다고 느껴 기분이 상할 수 있다. 그런 상황에 상처받은 경험이 있다면 더욱 속이 상한다. 또 충분히 감정을 표현하지 못해서 아쉬울 때도 있다. 진료실에서 감정을 표현하는 게 막상 쉬운 일이 아닐뿐더러 현실적으로 시간의 제약도 있을 수 있다. 면담을 할 때 감정이 강하게 표현될수록 추스르는 시간이 반드시 필요하기 때문이다.

　　진료실에서 감당하기 힘든 감정을 충분히 표현하되 면담의 후반부에는 감정의 폭풍 속에서 일상적 사고, 이성적 사고로 돌아올 수 있어야 한다. 감정을 폭발시키기만 하고 시간이 충분치 않아 면담이 급하게 종료되어버리면 오히려 격앙된 감정 때문에 일상에 돌아간 뒤 더 힘들거나 억압해온 문제가 행동화될 수도 있다. 정신과에 가서 말을 하고 났더니 더 힘들더라는 이야기는 아마 이 경우가 아닐까 생각한다. 어떤 내담자들은 진료 중에 별다른 이야기를 하지 않다가 진료 시간을 마무리할 무렵 중요한 이야기를 꺼내는 경우도 있다. 이 경우 중요한 문제에 대해 오히려 회피하고 싶은 무의식적인 마음이 있어서일 수 있다. 그래서 시간이 충분치 않을 때는 대충 이야기하고 넘어가는 것보다는 차라리 다음 시간에 충분한 시간을 들여 하는 것이 낫다.

　　누구나 처음 진료를 받으러 왔을 때 당연히 낯설고 이야기를 편하게 하기 어려울 수 있는데 소아나 청소년은 더욱 그렇다. 아이가 너무 어린 경우나 자기표현이 어려운 경우가 아니라면 보통 아이와 보호자가 조금이라도 더 편하게 이야기할 수 있도록 따로 면담하는데, 부모님이 자녀에게 "하고 싶은 말 다 해"라고 신신당부하고 나가는 경우가 많다. 그런데 그러면 아이가 더 말을 못한다. 그 누구도 처음 보는 사람에게 하고 싶은 말을 다 하기는 어렵다. 특히 청소년들은 처음에는 자신의 속마음을 잘 이야기하지 못한다. 의사가 자신의 편인지도 확신할 수 없다. 부모님의 손에 이끌려 억지로 온 경우나 부모님과 사이가 안 좋은 경우에는 의사도 한편이라고 생각하기 때문에 한마디도 하지 않는 경우도 흔하다. 그랬을 때 다그치거나 억지로 캐묻는 것은 별로 도움이 되지 않는다.

성인의 경우도 마찬가지다. 무슨 이유에서든 내가 원해서 온 것이 아니거나 원해서 왔더라도 내 이야기를 하는 것이 익숙하지 않은 경우에는 치료가 필요하다는 것을 인정하더라도 막상 진료시간이 고역으로 느껴질 수 있다. 어떤 시기는 병원에 오는 것만으로도 만족해야 할 때가 있다. 사람의 마음에는 충분한 시간을 들여야 한다. 기다리는 것도 치료이고 누군가 나를 재촉하지 않고 묵묵히 기다려주는 경험을 하는 것도 매우 치료적이다.

아마 힘든 누군가가 병원에 가기로 마음먹었을 때는 나의 문제가 무엇인지 확인하고 싶은 마음과 힘든 마음을 위로받고 싶은 마음이 모두 있을 것이다. '첫술에 배부르랴'라는 말은 정신과 진료에 딱 맞는 말이다. 도깨비방망이로 뚝딱 하면 마음이 풀리고 병이 나으면 좋겠지만 그런 일은 쉽게 일어나지 않고, 급한 변화는 길게 이어지기 어렵다. 변화에는 시간이 필요하다. 몇 번의 방문으로는 해결이 어렵고, 복잡한 문제의 경우에는 제대로 파악하는 데만도 몇 개월이 걸리기도 한다.

그리고 아무리 필요에 의한 만남, 치료를 위한 관계라고는 해도 사람과 사람 사이의 일이다 보니 서로에 대한 믿음이 생겨나야 한다. 의사와 내담자가 조금은 익숙해지고 편해지는 시간도 필요하다. '빨리 어려움을 해결해야 하는데…' 하고 너무 조급할 필요는 없다. 정신과는 진단과 치료를 동시에 할 수 있는 거의 유일한 과다. 진료실에 처음 들어오는 순간부터 말을 하든 하지 않든 서로의 시간을 공유한다. 내가 살아온 이야기와 겪어온 어려움을 타인에게 하는 것 그리고 누군가가 나의 이야기를 경청하고 공감하며 어려움을 이해하고자 노력하는 과정이 곧 치료이고, 그러면서 자연스럽게 증상도 나아질 수 있다.

네 번째 | 심리검사

⌄

의사가 내담자와의 인터뷰를 통해 잠정적인 진단의 가닥을 잡으면 이를 뒷받침하는 세부적인 사항들을 확인하고 다른 진단을 배제하기 위해 그리고 내담자에게 영향을 주는 다른 요인들을 확인하기 위해 심리검사를 진행한다.

심리검사에도 종류가 다양한데 일반적인 종합검사는 인지(사고)와 정서를 모두 파악하는 검사다. 경우에 따라 그중 일부만 할 수도 있지만 가능하다면 전체 검사를 추천한다. 만약 치매, 주의력 결핍, 언어발달, 자폐 등을 평가하기 위한 경우 그에 맞는 검사가 추가로 필요하다. 초기에는 검사를 위한 비용이 들지만 심리검사는 주된 어려움뿐 아니라 개인이 가지고 있는 강점, 심리적·인지적 자원 등 내담자를 전반적으로 이해하는 데 필요하다. 여러 가지를 종합해서 앞으로의 치료를 계획하는 데 매우 중요하며 치료를 시작한 이후에 경과를 파악하는 데도 도움이 된다. 치료자뿐 아니라 스스로도 자신에 대한 이해도를 높일 수 있는 기회가 될 수 있으니 가능하면 꼭 하기를 권한다. 요즘에는 꼭 치료가 필요하지 않아도 스스로에 대해 더 잘 알고 싶어서 일부러 심리검사를 해보는 경우도 많다.

심리검사는 스스로 작성하는 자가보고식 검사와 임상심리사가 진행하는 검사가 있다. 자가보고식 검사는 자신의 어려움을 숨기려 솔직하게 하지 않고 일부러 좋게 혹은 일부러 나쁘게 작성하거나 자신의 관점에 국한된 결과가 나올 수 있는 제한점이 있는 반면 임상심리사가 진행하는 검사를 함께하면 이러한 제한점을 보완할 수 있고 결과만으로는 확인하기 힘든 검사 과정도 고려할 수 있다. 종합검사를 받는다면 한두 시간은 걸리기 때문에 보통 당일에 하기보다는 따로 검사 예약을 잡아야 한다.

다섯 번째 | 약물치료

∨

현재 사용되는 약들 중에 정신과 약만큼 많은 오해와 오명을 가지고 있는 약이 있을까 싶다. "정신과 약 먹으면 바보 된다" "한번 먹으면 끊을 수가 없다" 등등 다양하다. 간혹 정신과 약을 복용한다는 사실 자체를 수치스럽게 생각하는 사람도 있다. 다른 사람들이 보지 못하도록 몰래 먹거나 감기약이라고 속이기도 한다.

정신과에 갔더니 약만 주더라는 푸념을 들으면 '약도 참 좋은 치료인데'라는 생각이 들면서 여러 가지 오해가 빚은 상황이 안타깝다. 약도 종류가 많기 때문에 증상을 잘 파악해서 처방을 내리는 것도 매우 전문적인 과정이다. 개인적으로는 상담을 잘하는 의사도 부럽지만 약을 잘 쓰는 의사도 정말 부럽다.

물론 무분별한 약 사용은 지양해야겠지만 약 자체가 나쁜 것은 아니다. 초기에 적절하게 사용하면 빠른 호전에 큰 도움을 준다. 어떤 경우에는 반드시 약을 먹어야 하는 경우도 있다. 조현병, 조울증, 일부 우울증, ADHD 등이 그렇다. 그리고 설령 약의 중요성이 그보다 덜하더라도 약이 증상을 효과적으로 조절하면 회복에 집중하거나 일상에 더 잘 복귀할 수 있도록 도울 수 있다. 약, 상담 등 여러 치료법은 함께 했을 때 더욱 효과적이다.

또 단순하게 심리치료는 심하지 않은 상태, 약은 심한 상태라고 보는 것도 무리가 있다. 가벼운 우울증 치료에는 약의 효과가 좋고 굳이 다른 치료를 하지 않더라도 약 복용만으로 좋아지는 경우도 많다. 우울증을 앓기 전 적응 수준이 나쁘지 않고 회복탄력성(힘든 일, 역경에서 좌절하지 않고 이를 도약으로 삼아 오히려 발전하는 능력)이 좋은 경우 약물치료가 비용과 시간 대비 효과에 있어서도 나을 수 있다. 반면 심한 인격 장애는 약이 일부 증상을 조절할 수는 있지만 반복되는 핵심적인 문제를 해결하기 위해서는 장기간 꾸준한 상담이 필요하다.

같은 효과를 가진 약도 성분이 조금씩 다르고 비슷한 성분의 약도 복용하는 사람에 따라 효과나 부작용이 다 다르다. 보통 처음에는 가장 무난한 약이나 증상에 적합한 약을 처방하는데 그게 환자에게 가장 잘 맞는 약일 수도 있고 부작용이 있거나 효과가 부족해서 몇 번의 변경을 하거나 다른 약을 추가하는 것이 필요할 수도 있다.

약의 종류만 차이가 있는 것이 아니라 복용해야 하는 기간도 다르다. 조현병, 조울증, 만성 우울 같은 경우는 고혈압, 당뇨처럼 인생 전반에 걸쳐 조절해야 한다. 고혈압 약을 끊지 못할까 두려워서 혈압이 높은데도 그냥 지켜만 보고 있을 사람은 없다. 약을 먹었을 때의 이점이 불편감이나 거부감보다 더 크다면 먹는 것이 낫다. 증상이 좋아지면 자연스럽게 줄여나가면 된다. 치료 계획은 경과에 따라 계속 상의하며 변하는 부분이니 너무 미리 걱정할 필요는 없다. 다만 약을 임의로 먹거나 증상이 비슷하다고 다른 사람의 약을 복용해서는 안 되고 반드시 처방을 따라야 한다.

가끔 약을 처음으로 처방받고 이후에 진료를 받으러 올 때마다 약이 늘어나서 걱정하는 경우가 있는데 초반에는 그럴 수 있다. 약을 시작하고 나서는 점점 늘어나는 것이 일반적이다. 보통 정신과 약은 시작 용량과 치료 용량, 유지 용량이 다르다. 처음에는 목표하는 치료 용량보다 적은 양으로 시작하고 약에 예민한 경우나 나이가 너무 어리거나 많은 경우에는 더욱 소량으로 시작한다. 그러면서 천천히 약에 적응하고 만약에 생길지도 모르는 부작용을 평가하면서 점차 치료 용량으로 올린다. 약의 종류도 한꺼번에 시작할 수도 있지만 경과를 보면서 하나씩 추가할 수도 있다. 입원을 했을 때는 조금 더 빠르게 약을 조절할 수 있는 반면에 외래 치료에서는 매일 경과를 보기 어렵기 때문에 더 조심스럽게 약을 조절한다. 그러다보니 약을 처방받는 입장에서는 '내 상태가 더 나빠진 건가' 하는 생각이 들거나, 좋아지고 있는 것 같은데 약을 올려서 불안해질 수 있다. 하지만 이는 자연스러운 과정이다.

보통 정신과 약은 의존성이 매우 높다고 생각한다. 우울증, 조울증 약이나 조현병 약은 의존성이 없지만 불안 증상 조절에 사용하는 항불안제(안정제)나 수면제는 의존성이 있을 수 있다. 이런 약들이 의존성이 있는 이유는 작용시간이 짧아서 효과가 빠르고 뚜렷하게 느껴지기 때문이다. 그만큼 좋은 약이긴 하지만 힘들 때마다 다른 노력 없이 무조건 안정제나 수면제를 남용하는 것은 치료적 목적과 완전히 어긋난다. 특히 졸피뎀 등의 수면제를 치료가 아닌 다른 목적으로 사용하는 것은 큰 문제를 야기할 수 있고 이 경우는 이미 치료와는 상관없는 범죄의 영역이다. 이런 문제 때문에 수면제 처방이 매우 까다로워졌고 보통 첫 진료에서는 처방이 되지 않거나 매우 소량만 가능하다.

만약 술 문제, 마약 문제 등 중독 성향이 높은 경우라면 약에도 의존할 위험이 더 크다. 보통 사람들은 어려움을 호전시키는 약의 효과를 위해 약을 복용하지만 중독 성향이 있는 사람들은 안정제나 수면제를 복용했을 때 느끼는 나른한 진정 효과 자체에 중독되어버리기 때문에 그 느낌을 계속 받고 싶어서 약을 자꾸 복용하는 것이다. 이 경우에도 이미 치료적인 목적을 벗어났다고 봐야한다. 약은 의학 발전이 만들어낸 아주 고마운 선물이지만 잘 쓰지못하면 독이 될 수 있다.

모든 변화에는 노력이 반드시 필요하다. 다이어트 약이 아무리 효과적이어도 운동과 식이요법이 병행되어야 장기적인 유지가 가능하다. 수술을 아무리 잘해도 회복을 위해서는 재활치료가 필요하고 당뇨를 치료하면서 약을 아무리 잘 챙겨 먹어도 매일 빵, 과자를 배부르게 먹는다면 제대로 당이 조절될 리 없다. 심리적인 문제도 마찬가지다. 약을 복용하기 시작하고 급성기의 심한 증상이 나아지면서는 조금씩 일상적인 노력들이 동반되어야 한다. 불안에 대처하는 이완 훈련, 심호흡 등의 연습을 하거나 나의 불안을 이해하기 위한 노력, 불안의 원인을 확인하고 해결하기 위한 노력들 말이다. 불면으로 수면제를 먹을 때도 약으로만 끝낼 것이 아니라 수면 환경을 체크하고 수면 습관을 교정하고, 혹시 카페인을 너무 많이 섭취하는 것은 아닌지 우울이나 불안이 불면의 원인은 아닌지 등을 확인해서 고칠 수 있는 부분은 고쳐나가야 한다. 잘 자기 위한 자신만의 수면의식도 자꾸 개발해야 한다. 이러한 노력 없이 약에만 의지하려고 하면 약은 오히려 점점 늘어날 수 있다.

여섯 번째 | 심리치료
∨

심리치료는 다양한 상담의 방법들을 통해 자신에 대한 이해를 높이고 삶의 고통과 어려움을 회복하도록 돕는 치료 방법이다. 앞서도 이야기했지만 약물치료와 심리치료는 서로 대척점에 있는 것이 아니고 가능하다면 두 치료를 함께 하는 것이 가장 좋다. 그랬을 경우 힘든 부분을 빠르게 좋아지게 하고 좋아진 상태를 길게 유지하는 데 도움이 된다. 경우에 따라 심리치료가 선택사항인 경우도 있지만 일부는 반드시 심리치료를 해야 진정한 회복이 가능한 경우도 있다. 과거에 경험한 힘든 사건으로 인한 트라우마, 가족 간 갈등, 성장 과정에서의 어려움, 오래 지속되어온 성격 문제처럼 개인의 삶에 전반적인 영향을 미치는 문제들이 그렇다. 보통은 오래된 깊은 상처를 다루고 수십 년간 살아온 방식을 바꿔야 하는 만큼 내담자와 치료자의 노력이 많이 드는 치료다.

심리치료를 방법에 따라 크게 나누어보면 지지치료와 정신분석치료로 나눌 수 있다. 지지치료는 여러 가지 이유로 자아가 약해져 있는 내담자를 치료자가 적극적으로 지지하고 격려해서 어려움을 극복할 수 있도록 돕는 치료다. 적절한 위로와 응원을 받고 경우에 따라서는 치료자가 보조적인 자아의 역할을 하기 때문에 구체적인 조언을 들을 수도 있다. 쇠약해진 마음을 회복해 건강하게 만들고 자존감을 높여주어 스트레스 상황에 잘 대처하고 적응력을 높일 수 있도록 돕는 과정이다. 보통 1회에 40~50분, 주 1회의 빈도로 한다.

　　정신분석치료는 그야말로 나의 무의식과 내면을 탐구하는 치료다. 내 생각과 행동의 이유가 되는 무의식적 근원을 찾는 것이고 자기 스스로 답을 찾아야 하기 때문에 치료자는 내담자를 지지하거나 비판하지 않고 중립을 유지한다. 면담 중에는 자신이 하는 말에 대해 의식적인 검열을 하지 않고 생각이 떠오르는 대로 표현하는 것이 좋기 때문에 긴 의자에 편히 기대서 하는 경우도 있다. 치료가 점점 깊어질수록 내담자는 치료자에게 전이 감정(아동기 동안 중요한 사람들과의 관계에서 경험했던 느낌, 사고, 행동을 현재의 다른 사람에게서 경험하는 것)을 가지게 되어 치료자는 종종 실제가 아닌 내담자가 경험했던 대상으로 인식된다. 사랑받고 인정받기 원했던 대상이 되기도 하고, 자신에게 엄격하고 비난만 했던 대상이 되기도 한다. 치료자는 내담자를 비추는 거울의 역할을 하기 때문에 그 감정들의 근원은 자신이다. 분석치료 중에 튀어나오는 과거의 묵은 감정들은 더 이상 과거가 아닌 현재의 치료 상황에서 다시 한번 다룰 수 있는 기회를 얻게 되고 치료자는 이러한 상황들을 내담자가 받아들이고 이해할 수 있는 시기에 적절하게 해석해주거나 직면시킨다. 전이 감정이 생기기 위해서는 치료를 일주일에 3, 4회

정도로 자주 해야 하고 기간도 몇 년이 걸린다.

심리치료는 매우 이상적인 치료이지만 그 과정이 쉽지만은 않다. 나조차도 알기 힘든 내 마음 깊은 곳을 탐험해야 하고 그 과정에서 수없이 많은 저항들에 부딪친다. 어떤 경우에는 기억하고 싶지 않은 과거를 끄집어내야 할 때도 있다. 어떤 날에는 내 앞에 앉아 있는 치료자에게 한없이 의지하게 되기도 하고 또 어떤 날에는 치료자가 괜스레 밉거나 분노가 치밀어 오르기도 한다. 치료가 진행되면 될수록 평상시라면 감당할 수 없어서 감춰두었을 날것의 감정을 두 사람이 오롯이 견뎌야 한다.

그래서 제대로 된 분석을 받기 위해서는 일단 스트레스와 감정을 다스리고 견뎌낼 수 있는 상태가 되어야 한다. 마음이 어느 정도 건강해야 분석치료도 할 수 있다는 이야기다. 사실 그렇게 되기까지의 치료도 오래 걸릴 수 있다. 처음에는 지지치료를 하다가 증상이 어느 정도 나아진 후 분석치료로 이어가기도 한다. 심리치료는 짧은 시간에 사람을 바꿀 수 있는 치료가 아니다. 어쩌면 수년이 걸리기도 하는 긴 과정에서 가끔은 '이게 맞는 길인가' 하는 의구심이 들고 그만두고 싶은 마음이 수도 없이 들 수 있다. 그래서 힘들어도 포기하지 않을 만큼의 강한 동기, 이제는 정말로 달라지고 싶다는 간절한 마음이 있어야 한다. 나의 마음을 이해하고 싶다는 의지와 정신적인 목표가 있다면 분명히 좋아질 수 있다.

일곱 번째 | 재방문

∨

첫 진료에서 내담자들이 받는 인상은 다 다를 것이다. 누군가는 속이 후련하다고 할 것이고 누군가는 의문이 풀렸다고 할 것이며 누군가는 이게 뭔가 싶을 수도 있다. 서로 다른 치료자가 아니라 같은 치료자에게 진료를 받고 나서도 이런 차이는 생긴다. 사람들은 모두 제각각의 어려움을 가지고 있고 각자의 사고방식도 모두 다르고 취향도 다르다.

다만 한 가지 공통점이 있다면 병원에 오기까지 오랜 시간 고민하다 드디어 결심을 하고 용기를 내어 첫발을 내디뎠을 것이라는 점이다. 만약 기대했던 것과 다른 인상을 받았다고 하더라도 스스로를 위해, 그리고 더 나은 삶을 위해 고민했던 시간과 용기를 생각해서라도 너무 조기에 치료를 포기하지는 않아야 한다.

보통 진료를 받고 나서 다음 예약 날짜를 잡는데 진단과 개인적 상황에 따라 검사 방법, 치료 종류와 치료 간격은 달라질 수 있다. 한 번 병원에 오고 바로 좋아지는 경우도 아주 없진 않겠지만 사실 그건 실제적인 치료 효과라기보다는 위약 효과처럼 심리적인 것일 가능성이 크고 계속 유지되기는 어렵다. 심리치료 등 다른 치료보다 빠른 효과를 기대하는 약도 충분히 효과를 확인하려면 최소한 한 달 이상은 지켜봐야 한다.

진료를 받고 집에 돌아간 후에는 진료 시에 나누었던 이야기나 상황을 다시 떠올려보고, 다음 예약 날짜에 오기 전에 전반적인 경과와 일상생활을 하면서 힘들었거나 특별히 기억에 남았던 점, 약에 대한 반응과 궁금한 것들을 미리 생각해두면 진료 시에 빼놓지 않고 이야기할 수 있다. 정신과 진료는 일종의 주치의 개념이라 서로 얼마나 소통이 잘 되는지가 중요하기 때문에 진료를 받으면서 드는 의문사항이나 걱정은 늘 담당 의사와 상의하는 것이 좋다.

치료 방법뿐 아니라 치료 목표에 대해서도 치료자와 내담자가 어느 정도는 합의된 공통의 목표를 가지는 것이 좋다. 급한 증상의 조절에서부터 대인관계의 회복, 성격적 요인의 확인, 인지적 왜곡 교정, 무의식적인 갈등 해소까지 목표는 다양하다. 치료 과정을 거치면서 치료 계획은 계속 더 효과적인 방향으로 수정될 것이다.

치료의 끝은 어디일까

정신과 치료는 평균적으로 치료 기간이 긴 편이다. 사람마다, 상황마다 다르겠으나 최소 6개월, 보통은 몇 년씩 치료를 받는다. 우울증도 증상이 생긴 지 오래되지 않았고 처음 진단을 받아 치료를 시작했다면 최소 6개월에서 경과에 따라 1년 정도 치료를 받지만, 만약 과거에도 우울증을 경험했고 이번이 재발한 경우라면 2, 3년 이상 치료를 유지하는 것이 좋다. 왜냐하면 우울증은 워낙에 재발이 많기도 하고 이 증상이 원래 치료를 받지 않았는데도 6개월 정도의 주기를 가지고 나타나는 경우가 있기 때문에 정말 나아졌는지 주기에 의해 나아진 것처럼 보이는지 구분이 어려울 수 있어서 그렇다.

조현병이나 조울증, 중독과 같은 문제들은 질병을 관리하는 개념으로 아예 평생 치료해야 한다고 생각하는 것이 낫다. 왜냐하면 치료가 중단되는 등의 이유로 증상이 다시 악화되었을 때 예후가 나빠지고 약에 대한 효과가 떨어지는 데다 치료가 잘된 후에도 기대되는 회복 수준이 전에 비해 낮은 경우가 많기 때문이다. 대략적인 치료 기간은 그렇지만 실제로 보면 필요한 시간이 사람마다 다르다. 스트레스의 정도, 개인이 가지고 있는 강점, 회복탄력성, 주변에서 도와줄 수 있는 지지체계가 다 다르기 때문이다. 치료에 대한 반응이나 예후, 재발을 경험하는 빈도도 사람마다 다르다. 이를 완벽하게 예측하기란 어렵다.

충분히 어려움이 나아진 후에는 치료를 마무리하는 중요한 과정이 남아 있다. 만약 치료 종결에 대한 의지가 높은 경우에 담당 의사가 경과를 볼 때도 괜찮고 스스로도 이제 괜찮다고 느낀다면 치료를 끝내는 것을 고려해볼 수 있다. 치료를 종결할 준비를 할 때는 심리적으로도 불안해질 수 있고 약을 조절하거나 치료 간격을 조절하다 보면 다시 힘들어질 수 있어서 아무래도 스트레스나 삶의 변화가 심한 시기보다는 생활이 전반적으로 편안하고 안정된 시기에 하는 것이 낫다. 그리고 괜찮은 것 같다고 해서 어느 날 갑자기 병원에 안 가는 것이 아니라 치료자와 함께 천천히 종결을 준비하는 것이 치료를 성공적으로 끝낼 확률을 높일 수 있다.

치료의 목표는 다양하다. 가끔 환자들은 '내가 얼마만큼 좋아지면 좋아진 것인지' 궁금해한다. 정신과 질환 중에 조현병을 포함한 일부 질환은 병식(내가 아프다, 치료할 필요가 있다는 것을 아는 것)이 없는 것을 특징으로 한다. 그래서 누가 봐도 치료가 필요한 상황인데도 나는 아무 문제가 없다고 말한다. 이런 경우를 제외한다면 결국 치료의 목표점은 일상생활, 주변 사람들과의 관계가 편안해지고 무엇보다 스스로 '이제는 괜찮다고 느낄 때'가 아닐까 싶다. 그런데 이 또한 속 시원한 대답은 아니다.

대체 어느 정도가 되어야 사람들은 자신이 괜찮다고 느낄까? 병원에 가야겠다고 느끼는 증상의 정도도 사람마다 제각각인 것처럼 괜찮다고 느끼는 정도도 사람마다 다를 것이다. 조금 더 구체적으로는 어떤 목표를 잡느냐에 따라 다르다. 비슷한 증상으로 병원에 온다고 하더라도 각자가 가지는 목표치는 천차만별이다. 질병의 깊이뿐 아니라 심리적 이해도에 따라 달라진다. 증상을 조절하고 기본적인 일상생활을 할 수 있는 정도에서부터 무의식적 세계를 이해하고 내적 갈등을 해결하는 것까지 심리적 만족감의 수준에는 개인 차이가 있다.

이처럼 심리적 문제 자체가 치료의 영역부터 발전 혹은 웰빙well-being의 영역까지 이르다 보니 다른 질병의 치료와 비슷한 점도 있지만 공부, 운동 같은 자기수련과 비슷한 점도 있다. 공부나 운동도 포기해버리면 나중에 고통이나 후유증은 있겠지만 일단 당장은 편하다. 나에 대한 이해, 심리적 안정감을 위해 노력하는 것도 마찬가지다. 갈등이 생기고 스스로 어려움을 겪으면서도 당장의 편안함을 위해 '나는 아무 문제 없다'고 부정하거나 '그냥 이렇게 살래' 해버릴 수도 있다. 사실 그런 사람들도 차고 넘친다. 하지만 도무지 그럴 수 없는 사람들도 있다. 어제보다 더 나은 내가 되기 위해 끊임없이 고민하고 노력하는 사람들이다. 포기하고 외면해버리는 것보다 나를 직면하는 것은 힘들지만 정신적 성숙의 측면에서 훨씬 값질뿐더러 삶 안에서 더 큰 목표를 갖게 한다.

심리학 용어 중에 심리적 마음자세psychological mindedness 혹은 통찰력insight 같은 용어가 있다. 나의 내적 상태 및 이와 관련한 행동 방식, 나와 타인의 심리적 상태에 얼마나 관심이 있고 이해할 수 있는 능력이 있는가 하는 것이다. 이게 없으면 자신의 마음 상태에 관심이 없다. 내 감정이 어떤지도 모르고 왜 이렇게 느끼는지 알고 싶어 하지도 않는다. 대인관계에서 여러 가지 갈등을 불러올 수 있는데 남들은 다 문제라고 해도 정작 본인은 아무 문제가 없다고 생각한다. 상대방을 탓하는 경우도 많다. 결국 주변 사람만 고통받는다. 스스로는 당연히 치료도 필요 없다고 생각하고 어쩌다 주변에 이끌려 병원에 억지로 오게 되더라도 별로 하고 싶은 말도 없고 치료에 대한 의지도 없다. 그러다 보니 금방 치료가 중단되어버리고 만다. 이 경우 내담자에게 현재의 어려움과 변화의 필요성을 인식시키는 데만도 많은 노력과 시간이 든다. 그리고 아마 그런 분들은 높은 확률로 이 책을 펴보지도 않았을 것이다.

첫 진료에서뿐 아니라 치료의 목표나 종결에 있어서도 치료자와 환자 간의 동상이몽이 생길 수 있다. 거의 모든 환자들은 병원에 더 이상 가지 않고 약을 먹지 않는 것을 치료의 목표로 삼지만 어떤 경우에 치료자는 병원에 오더라도 잘 지내는 것을 치료의 목표로 삼기도 한다. 이 사실은 내가 환자가 되었을 때 확실히 느꼈다. 시력이 나빠진 것 같아 안과에 갔을 때다. 이런저런 검사들을 하고 안과 선생님은 안경을 쓰고 잰 시력이 괜찮으니 괜찮다고 했다. 나는 맨눈으로 잰 나의 시력이 어떤지에 관심이 있었는데 말이다. 그때 '아, 내 환자들과 나도 이런 생각의 차이가 있을 수 있겠구나' 싶었다. 생각해보면 이런 경우는 많다. 고혈압 약을 먹는 환자들은 약을 먹지 않은 상태에서 내 혈압이 어느 정도가 될지, 이제는 약을 안 먹어도 정상으로 돌아왔을지 궁금하지만 의사들은 약을 먹고 혈압이 유지되면 괜찮다고 말한다.

　이렇게 동상이몽이 발생하는 경우는 많은 부분 질환의 특성 때문일 것이다. 다쳐서 다리가 부러지거나 폐렴에 걸리는 것처럼 치료의 목표가 완치인 경우도 있지만 만성질환이기 때문에 완치의 개념보다는 유지, 관리의 측면에서 꾸준히 치료받고 약 먹으면서 지내야 하는 경우도 있다. 물론 어떤 질환이든 완벽하게 치료되어 더 이상 병원에 가지 않아도 되고 약도 먹지 않는 것이 환자 입장에서 가장 좋긴 하겠지만 그게 어렵다고 하더라도 너무 낙담하지는 않았으면 좋겠다. 비록 아쉬운 마음이야 있겠지만 안경을 쓰고 잘 보이는 것도 어쨌든 잘 보이는 것이다. 과거 치료 방법이 없던 시기에 사람을 불편하게 만들고 아프게 만들던 많은 질병들이 지금 얼마나 잘 조절되고 있는지를 생각해보면 현대의 의학 발전을 충분히 누릴 수 있는 것도 큰 행운이다. 꼭 받아야 하는 치료를 받지 않는 것이 오래 치료를 받는 것보다 훨씬 더 위험하다.

지금 병원에 다니고 있거나 약을 먹고 있어서 나에게 늘 문제가 있는 것 같고 잘 지내지 못한다고 느끼지는 않았으면 좋겠다. 병원에 다니면서 잘 지낸다고 그게 가짜라는 뜻은 결코 아니다. 치료를 안 받고 있어도 내가 힘들고 불행하면 그건 잘 못 지내는 것이고 치료를 받고 있어도 내가 편안하고 행복하다고 느낀다면 잘 지내는 것이다.

우리는 모두 하나의 스토리

세상을 바꾸는 일에는 어떤 것들이 있을까? 사람은 하나의 스토리다. 누구나 자신만의 이야기가 있고 자기만의 세상이 있다. 누군가의 인생이 남 보기에 대단하고 대단하지 않고를 떠나서 모두가 평등하게 자기만의 이야기 속 주인공이라고 생각하면 그 이야기 중 무엇 하나 소중하지 않은 것이 없다. 이것은 내가 처음에 정신과 의사가 되고 싶다고 생각한 이유이기도 하다.

어떤 한 사람이 태어나기도 전부터 이야기는 시작되고 하나의 이야기는 또 다른 이야기로 이어진다. 때로는 자신의 의지로, 때로는 자신의 의지와 상관없이 여러 가지 일들이 일어난다. 그 이야기 속 세상에서 모두는 각자 나름대로의 사연이 있다. 현실에서는 옳고 그름이 매우 중요한 부분이지만 이야기 안에서는 옳고 그름을 따지기보다는 그냥 사실 그 자체로 받아들이면 된다. 이해하기 힘든 일도 처음부터 자세히 보다 보면 어쨌든 '그래서 그랬겠구나' 싶은 부분이 하나쯤은 있기 마련이다. 그게 나와 상대방을 이해하는 첫걸음이 된다. 그렇게 누군가에게 인정받고 제대로 이해받는 경험은 한 사람의 인생을 바꾸어놓을 수도 있다. 나를 바꾸는 건 세상을 바꾸는 일이기도 하다. 세상은 여전히 그대로지만 내가 어떻게 받아들이느냐에 따라 천차만별로 달라지기 때문이다.

어릴 땐 나만 이상한 줄 알았다. 다들 괜찮고, 아무렇지 않아 보이는데 나는 왜 이럴까 궁금했다. 남들과 조금만 달라도 불안했고 이런 내 모습을 들킬까 봐 전전긍긍했다. 그런데 여러 사람들을 만나보고 그들의 이야기를 들어보니 대부분의 사람들이 서로 비슷한 생각을 하면서 살고 있었다. 누군가는 나를 보며 '저 사람은 괜찮은데 나는 왜 이러지?'라고 생각하고 있을지도 모른다. 단언컨대 완벽한 사람, 완벽한 관계는 없다. 그것은 도달할 수 없는 신기루와 같은 존재다. 우리 모두는 자기만의 그림자, 블랙독이 있다. 물론 그것은 힘들고 두렵고 아프다. 누구에게나 있는 거라고 해도 내 어려움과 걱정이 아무것도 아닌 건 아니다. 하지만 창피하거나 이상한 것은 아니다. 그래도 괜찮다.

우리는 모두 매일 성장하고 있다. 완성형 인간이 되기에는 한참 멀었지만 조금은 이상하고, 엉망이고, 문제가 있는 내 모습마저 그게 자연스럽다는 사실을 받아들이고 스스로 괜찮다고 다독일 수 있기를, 그래서 미래에는 삶을 조금 더 편안한 시선으로 바라볼 수 있게 되기를 바란다. 앞으로도 흔들리는 순간들은 계속 올 것이다. 그래도 두려움에 빠져 아무것도 하지 못한 채 스스로를 잠식하게 내버려두거나 위로가 필요한 순간마저 내 편이 되지 못하고 자책만 하고 있지는 않아야 한다.

이제 당신의 이야기가 시작될 시간이다. 대부분의 이야기들에서 시작은 거창하지 않고 시련은 늘 존재한다. 하지만 언제가 되었든 누구에게나 빛나는 순간은 있기 마련이다. 내가 주인공이라고 느껴지는 순간 말이다. 삶에서 빛나는 순간을 놓치지 말고 꼭 발견해서 오랫동안 간직해야 한다. 그게 진짜 당신의 모습이다. 그런 순간이 아직 없었다고 해도 아직 이야기는 다 끝난 것이 아니다. 지금 어둠 속을 지나고 있다면 그때가 오기 더욱 멀지 않았다는 뜻일지도 모른다.

대부분 빛나는 순간은 고난 뒤에 온다. 조금만 더 참고 기다려보자. 그렇게 기다리다 보면 우리의 이야기는 지금껏 계속 흘러온 것처럼 앞으로도 계속 흘러갈 것이다. 지금 머물러 있는 장면이 빨리 지나가길 바라거나 오래 멈추어 있길 바라는 것과 상관없이 말이다. 과거의 어려움을 돌아보느라 삶을 낭비해서는 안 된다. 과거를 지울 수는 없지만 넘어갈 수는 있다. 지우고 싶은 이야기들은 계속 붙잡고 있을 필요 없이 그냥 흘려버리면 된다. 계속 붙잡고 있어서는 앞으로의 이야기를 위한 공간이 없다. 찝찝하더라도 페이지를 넘겨야 새로운 이야기를 쓸 공간이 생긴다. 과거의 페이지는 언젠가 지금보다 조금은 더 편안해진 마음으로 다시 펼쳐볼 때가 올 것이다.

　소중한 나의 이야기를 어떤 내용들로 채울 수 있을까? 우여곡절은 있더라도 당신이 바라는 이야기가 쓰이길 바란다. 힘든 삶에서 벗어나 편안해지고 싶은 마음, 지금보다 더 나은 삶을 살고 싶은 마음은 누구나 똑같다. 하지만 차이가 있다면 어떤 사람은 두려움 속에 머물러 있지만 누군가는 그 두려움을 헤쳐 나갈 용기를 낸다는 것이다. 비록 지금은 너무 지쳐서 조금 더 쉬는 시간이 필요하더라도 영원히 멈추어 있을 수만은 없다는 것을 우리는 알고 있다.

　언젠가는 용기를 내야 할 순간이 다가온다. 누구에게나 더 이상 이대로 살 수 없고 변화해야만 하는 그런 때가 찾아오기 마련이다. 그랬을 때 나보다 조금 더 길을 잘 알고 도와줄 수 있는 든든한 셰르파가 옆에 있다면 혼자서는 외롭고 버겁다고 느껴지는 마음이 조금은 놓일 것이다. 이 책이 그런 존재가 되었으면 좋겠다. 그래서 우리의 미래는 지금보다 조금은 더 편안해지길 그리고 지금 힘들어하는 모든 사람들이 스스로 '괜찮다'고 느낄 수 있게 되길 바란다.

　끝으로 이 책을 함께 만들어주신 모든 분들께 감사드린다. 지금의 나를 있게 해주신 부모님, 힘이 되어주는 가족들 그리고 우리의 이야기를 함께 써나갈 남편, 이야기의 끝이자 무엇보다 소중한 두 아이에게 감사와 사랑을 전한다.

나 이대로 괜찮은 걸까

초판 1쇄 인쇄일 2022년 8월 19일
초판 1쇄 발행일 2022년 8월 26일

지은이 권아혜

발행인 윤호권
사업총괄 정유한

편집 최안나 **디자인** 양혜민 **마케팅** 윤아림
발행처 ㈜시공사 **주소** 서울시 성동구 상원1길 22, 6-8층(우편번호 04779)
대표전화 02-3486-6877 **팩스(주문)** 02-585-1755
홈페이지 www.sigongsa.com / www.sigongjunior.com

글 ⓒ 권아혜, 2022 | 표지 그림 ⓒ 박지영, 2022

ISBN 979-11-6925-225-6 03180

*시공사는 시공간을 넘는 무한한 콘텐츠 세상을 만듭니다.
*시공사는 더 나은 내일을 함께 만들 여러분의 소중한 의견을 기다립니다.
*잘못 만들어진 책은 구입하신 곳에서 바꾸어 드립니다.